# GUÍA PARA SUPERAR LA PÉRDIDA DE TU MASCOTA

## SUPERA TU DUELO, INICIA TU RECUPERACIÓN EMOCIONAL Y RINDE UN HOMENAJE INOLVIDABLE A TU MASCOTA

## XYDNEE JAMES

SAJI PUBLISHING

# TABLA DE CONTENIDO

# INTRODUCCIÓN

Perder una mascota no es solo un acontecimiento; es un viaje emocional que puede resultar tan profundo y difícil como la pérdida de un ser querido humano.

Lo entiendo perfectamente porque yo mismo he pasado por ello. Cuando mi familia y yo nos despedimos de nuestra querida mascota, el vacío que dejó en nuestras vidas era palpable. Nuestra casa se sentía más vacía y nuestros corazones más pesados. Fue durante este período de profunda tristeza cuando me encontré buscando consuelo y comprensión, no solo para mí, sino también para mi familia, especialmente para los más jóvenes que enfrentaban una pérdida así por primera vez.

Este libro nace de aquellos días en los que buscaba consuelo, comprensión y formas de honrar la memoria de nuestro querido compañero. Está escrito para ti, el dueño de una mascota que ha experimentado el dolor de una pérdida así, que quizás buscas orientación sobre cómo superar este momento difícil y que necesitas la confirmación de que tu dolor es real, válido y merece un espacio para ser expresado y comprendido.

La misión de este libro es clara: ofrecerte consuelo, guiarte para que ayudes a los niños a superar su dolor, explorar formas significativas de conmemorar a tu querida mascota y encontrar fuerza en una comunidad de amantes de los animales que comprenden tu dolor. A diferencia de otros libros sobre la pérdida de mascotas, esta guía combina ideas personales con consejos profesionales, lo que proporciona una perspectiva equilibrada sobre cómo manejar el dolor, iniciar la sanación y celebrar la vida de tu mascota.

Descubrirás que este libro está dirigido a un amplio espectro de dueños de mascotas. Tanto si su compañero estaba cubierto de pelo, plumas o escamas, el amor que compartieron trasciende las especies y el dolor que siente es universal. Este libro está estructurado para guiarte a través de las etapas iniciales de conmoción y tristeza hasta llegar a la aceptación y el recuerdo, el libro se divide en partes temáticas que abordan cada etapa del proceso de duelo.

Considera este libro como un compañero compasivo, que está aquí para ofrecerte un mensaje de esperanza y tranquilidad. El camino a través del dolor es sin duda desafiante, pero hay una manera de seguir adelante, una manera de sanar y atesorar los recuerdos de tu mascota. Te invito a que te comprometas con el contenido de este libro de manera abierta y honesta. Permítete experimentar y expresar plenamente tus sentimientos mientras lees. Solo al reconocer nuestras emociones podemos comenzar verdaderamente a sanar.

Este libro promete no solo ser una fuente de empatía, sino también una guía práctica. Encontrarás consejos prácticos sobre cómo afrontar eficazmente tu duelo, formas de conmemorar a tu mascota que resuenen con tus sentimientos personales y estrategias para obtener el apoyo que necesitas durante este momento tan difícil. Honremos juntos la vida de nuestras queridas mascotas y naveguemos por las complejidades del duelo con compasión y comprensión, hacia un espacio de sanación y recuerdo.

# EL VÍNCULO ÚNICO ENTRE LAS MASCOTAS Y SUS DUEÑOS

¿Alguna vez has notado cómo se ilumina una habitación cuando entra tu mascota? ¿O quizás cómo cambia tu estado de ánimo, casi por arte de magia, cuando cruzas la mirada con tu gato o cuando tu perro apoya suavemente la cabeza en tu regazo? No es solo tu imaginación engañándote, es una prueba del extraordinario vínculo que compartimos con nuestras mascotas. Esta conexión va más allá de la alegría del compañerismo; se basa en una sinergia emocional y psicológica que ha evolucionado a lo largo de miles de años. En este capítulo, exploramos el rico mosaico de la relación entre humanos y mascotas, profundizando en la dinámica que hace que este vínculo no solo sea único, sino también esencial para nuestro bienestar emocional.

## DESCIFRAR EL VÍNCULO ENTRE HUMANOS Y MASCOTAS: MÁS ALLÁ DEL COMPAÑERISMO

Conectividad emocional

Las mascotas tienen una forma extraordinaria de ofrecer amor incondicional, una cualidad que nos hace quererlas de una manera que a menudo supera nuestras interacciones sociales humanas. Este amor incondicional se manifiesta en su alegría al vernos, su afecto incesante y su presencia constante tanto en los momentos de tristeza como en los de alegría. Para muchos, una mascota no es solo un animal, sino un miembro de la familia cuyo vínculo emocional es tan complejo como cualquier relación humana. La profundidad de esta conexión a menudo se puede ver cuando las mascotas parecen "sintonizarse" con nuestro estado de ánimo, ofreciéndonos un gesto mimoso y juguetón justo cuando más lo necesitamos. Esta sincronía emocional no solo mejora nuestra vida cotidiana, sino que también contribuye de manera fundamental a nuestra resiliencia emocional, proporcionándonos un amortiguador contra el estrés de la vida.

Dependencia mutua

Las relaciones con las mascotas se caracterizan por una profunda dependencia mutua que difumina los límites entre el cuidado que les proporcionamos y el apoyo que recibimos. En un nivel básico, las mascotas dependen de nosotros para su supervivencia, alimentación, refugio, salud y ejercicio. En cambio, nosotros dependemos de ellas para algo más que compañía; nos proporcionan un apoyo emocional que a menudo actúa como pilar de nuestra salud mental. Esta relación simbiótica fomenta un vínculo profundo, entrelazando nuestras vidas en una experiencia compartida de vida. Por ejemplo, pensemos en los paseos diarios rutinarios con un perro: mientras la mascota hace ejercicio y explora, el dueño disfruta de un momento de evasión de la rutina diaria, una oportunidad para respirar aire fresco y estirar las piernas, lo que a menudo conduce a una reducción de los niveles de estrés y a una mejora de la salud mental.

Comunicación no verbal

El vínculo entre las mascotas y sus dueños también se moldea significativamente por la comunicación no verbal. Las mascotas son expertas en leer el lenguaje corporal y el tono de voz, y responden a nuestras señales silenciosas de una manera increíblemente perceptiva. Esta forma de comunicación trasciende palabras, permitiendo que las mascotas y sus dueños interactúen a un nivel instintivo. El movimiento de la cola, la inclinación de la cabeza o el ritmo de las patas pueden transmitir mucho sobre las necesidades y emociones de una mascota, al igual que nuestras propias respuestas no verbales les comunican nuestros sentimientos e intenciones. Esta dinámica crea un lenguaje compartido que, aunque no se expresa con palabras, constituye una de las formas más genuinas de comunicación y comprensión. Las aves, como los loros, también se comunican de forma no verbal para interactuar con sus dueños a través de comportamientos como la mirada fija, el alisado de plumas y la postura corporal. También utilizan movimientos del pico y movimientos de la cola para transmitir emociones, intenciones y respuestas, creando un lenguaje rico y expresivo que sus dueños comprenden.

Contexto histórico

Trazar la evolución de las mascotas, de animales de trabajo a queridos miembros de la familia, ofrece perspectivas fascinantes sobre el vínculo entre humanos y mascotas. Inicialmente, los animales se integraron en las sociedades humanas por fines prácticos, como la caza, la vigilancia y el pastoreo. Con el tiempo, la utilidad de los animales pasó a ser la compañía, lo que alteró significativamente la dinámica entre los seres humanos y los animales. Este cambio fue influenciado por modificaciones en la estructura social, donde el papel de los animales se expandió para satisfacer las necesidades emocionales y sociales, reflejando transformaciones culturales más amplias sobre el valor y la percepción de los animales. Hoy en día, las mascotas se consideran miembros integrales de la familia, y su bienestar se considera a menudo primordial, lo que refleja los profundos vínculos emocionales que se han desarrollado.

Esta intrincada red de conectividad emocional, dependencia mutua, comunicación no verbal y evolución histórica sienta las bases para comprender lo profundas y multifacéticas que son nuestras relaciones con las mascotas. A medida que continuamos explorando estos temas, la importancia de cada aspecto de este vínculo se hace cada vez más evidente, lo que nos proporciona una mayor apreciación y comprensión de los roles que desempeñan las mascotas en nuestras vidas.

## POR QUÉ PERDER UNA MASCOTA ES COMO PERDER A UN MIEMBRO DE LA FAMILIA

La intensa ola de tristeza que nos invade tras la pérdida de una mascota es profunda y muy personal. Este dolor abrumador refleja la angustia que se siente tras la muerte de un ser querido, una similitud que puede parecer exagerada para quienes nunca han establecido un vínculo profundo con un animal. Sin embargo, para aquellos de nosotros que hemos abierto nuestros hogares y nuestros corazones a mascotas, la razón es clara: el amor incondicional y la compañía que nos brindan forjan vínculos tan significativos como cualquier relación humana. Cada mascota, con su personalidad única y su presencia irremplazable, se convierte en una parte integral de nuestras vidas y nuestras familias.

Pensemos en las rutinas diarias que son algo natural para cualquier dueño de mascotas. Los paseos matutinos, los horarios de alimentación, los mimos, los ladridos e incluso la simple y silenciosa presencia de una mascota en la habitación, son hilos que tejen el tejido de la vida cotidiana. Cuando una mascota fallece, la interrupción de estas rutinas deja un vacío palpable. El silencio en los momentos en los que debería oírse el tintineo del collar o el suave golpeteo de las patas en el suelo es inquietante, un claro recordatorio de la ausencia de un compañero querido. Los espacios que antes ocupaban en nuestros hogares se sienten más vacíos, y sus camas y juguetes se convierten en símbolos conmovedores de su pérdida. En el caso de los dueños de conejos, estos aprecian y echan de menos la naturaleza gentil y afectuosa de sus mascotas, junto con sus travesuras juguetonas, como saltar y brincar. Adaptarse a esta nueva realidad sin su presencia física es un doloroso recordatorio de lo entrelazadas que estaban nuestras vidas.

Las mascotas también sirven como un importante sistema de apoyo emocional, actuando a menudo como confidentes que escuchan sin juzgar, proporcionan consuelo sin condiciones y nos dan una razón para sonreír incluso en los días más difíciles. Para las personas que viven solas, este papel es aún más crucial. La presencia de una mascota puede aliviar la soledad y el aislamiento al proporcionar buena compañía y una sensación de seguridad. Perder a un compañero así puede ser como perder un salvavidas, dejándonos solos para afrontar los retos de la vida cotidiana sin su fuente constante de apoyo emocional y amor incondicional. El impacto es igualmente profundo para aquellos que no viven solos, pero que dependían de su mascota como una forma de compañía única que las relaciones humanas no siempre satisfacen.

Más allá de la presencia física y las interacciones diarias, los recuerdos compartidos que creamos con nuestras mascotas contribuyen de manera significativa a la profundidad del dolor que experimentamos tras su fallecimiento. Desde el emocionante día en que los trajimos a casa, las vacaciones que pasamos juntos, hasta las sencillas tardes de ocio, cada recuerdo añade capas al vínculo que compartimos. Estos recuerdos, ricos en emoción y significado, se convierten en historias que atesoramos y contamos, con mucho amor y nostalgia. Cuando muere una mascota, no solo echamos de menos su presencia inmediata, sino también la alegría de crear nuevos recuerdos con ellos. Cada recuerdo, ya sea conmovedor o alegre, sirve como recordatorio de la profundidad de la relación y del vacío que deja su ausencia.

Superar esta pérdida multifacética supone un profundo desafío, que abarca dimensiones emocionales, físicas y psicológicas. El dolor que se siente refleja la complejidad de las relaciones humanas y subraya el importante papel que desempeñan las mascotas en nuestras vidas como compañeros, confidentes y miembros de la familia. Cuando profundizamos en este vínculo, entendemos mejor por qué la pérdida de una mascota duele tanto. Esto confirma la profunda sensación de pérdida que experimentan muchos dueños de mascotas.

## LA CIENCIA DEL DOLOR: CÓMO NOS AFECTA LA PÉRDIDA DE UNA MASCOTA

El dolor que nos envuelve tras la pérdida de una mascota no es solo una carga emocional, sino que se manifiesta física, psicológica y socialmente, desarrollando un complejo mosaico de repercusiones que afecta todas las facetas de nuestras vidas. Para comprender plenamente la profundidad y la amplitud de este duelo, es fundamental examinar las respuestas fisiológicas, el impacto psicológico y las implicaciones sociales que acompañan a la pérdida de una mascota querida. Además, reconocer el proceso de sanación como una vía esencial a través del duelo, subraya la naturaleza multifacética de la recuperación, que requiere tiempo, apoyo y una gran dosis de autocompasión.

Respuestas fisiológicas

El duelo no solo se siente con el corazón, sino también con el cuerpo. La pérdida de una mascota puede desencadenar una cascada de efectos físicos que subrayan el profundo impacto de este acontecimiento. Las respuestas al estrés son especialmente pronunciadas, con síntomas como aumento del ritmo cardíaco, alteraciones en los patrones de sueño, cambios en el apetito y un estado general de fatiga.

Estas son las reacciones naturales del cuerpo ante el estrés agudo de perder a un compañero querido, lo que demuestra la profundidad del vínculo que compartían. También se producen cambios neurológicos, ya que el duelo activa las vías del dolor del cerebro, de forma similar a la respuesta que desencadena el dolor físico. Esta actividad neurológica puede provocar una disminución de la concentración, desorientación y una sensación de confusión, que muchos dueños de mascotas en duelo han experimentado en los días y semanas posteriores a la pérdida de sus mascotas. Estas respuestas fisiológicas no solo son naturales, sino que también indican el intenso estrés que sufre el cuerpo durante los momentos de gran agitación emocional.

Impacto psicológico

Las ramificaciones psicológicas de la pérdida de una mascota se manifiestan con frecuencia en forma de emociones intensas, como tristeza, ira y culpa, y pueden evolucionar hacia trastornos psicológicos más profundos, como la depresión y la ansiedad, si no se tratan. El vínculo con una mascota se construye a partir de las interacciones diarias y el amor incondicional, y la ruptura de este vínculo puede sentirse como la pérdida de una parte de uno mismo. Para muchos, las mascotas no son solo animales, sino confidentes y fuentes de apoyo incondicional. La ausencia de esta fuente de afecto y comprensión puede provocar sentimientos de vacío y desesperación, que son precursores comunes de la depresión. También puede aparecer la ansiedad, especialmente en torno a los pensamientos sobre los últimos momentos de la mascota o la inquietud por el futuro sin su compañía. Estos impactos psicológicos son significativos, lo que confirma la necesidad de tomarse en serio el duelo y tratarlo con cuidado.

Implicaciones sociales

Socialmente, los efectos de la pérdida de una mascota se caracterizan por el aislamiento o los malentendidos. En muchas culturas, la importancia de la muerte de una mascota puede no ser reconocida, lo que conduce a una falta de empatía o apoyo por parte de amigos, colegas y conocidos. Esto puede hacer que la persona afligida se sienta aislada o incomprendida, agravado por comentarios que pueden parecer despectivos, como "solo era una mascota" o "siempre puedes conseguir otra". Estas interacciones pueden intensificar la sensación de soledad e incomprensión, lo que lleva a la persona afligida a un mayor aislamiento. Además, la pérdida de una mascota puede alterar las rutinas sociales, como los paseos compartidos en el parque con otros dueños de mascotas, que no solo eran ejercicio, sino también importantes compromisos sociales. El abandono de estas actividades puede profundizar aún más la sensación de aislamiento y pérdida, lo que subraya el importante impacto social que tiene la pérdida de una mascota.

Proceso de sanación

Comprender el proceso de sanación en el contexto de la pérdida de una mascota implica reconocer que el duelo no es una progresión lineal, sino un viaje marcado por altibajos. Sanar requiere de tiempo, paciencia y el apoyo de personas comprensivas que reconozcan la gravedad de la pérdida. La autocompasión se convierte en un componente fundamental de este proceso, ya que permite a las personas afrontar su duelo sin juzgarse a sí mismas. Practicar el autocuidado, buscar el apoyo de grupos de personas que han perdido a una mascota y, posiblemente, ayuda profesional son pasos en el camino hacia la recuperación. Es importante que las personas se permitan experimentar y expresar plenamente su dolor, entendiendo que sanar no consiste en superar la pérdida, sino en aprender a vivir con ella de una manera que honre la memoria de tu querida mascota.

Esta exploración de la ciencia del duelo subraya los profundos efectos de la pérdida de una mascota, que abarcan los ámbitos físico, psicológico y social. Destaca la necesidad de adoptar un enfoque compasivo para afrontar estas pérdidas, reconociendo el dolor legítimo y la inestabilidad que causan en la vida de las personas. A medida que profundizamos en la comprensión de estos impactos, cada vez queda más claro que el camino hacia la sanación no solo es necesario, sino que también está plagado de desafíos que requieren apoyo, comprensión y tiempo.

## LAS ETAPAS DEL DUELO TRAS LA PÉRDIDA DE TU MASCOTA

Navegar por las etapas del duelo al afrontar la pérdida de una mascota proporciona un marco que puede ayudar a dar sentido a las emociones que, de otro modo, podrían resultar abrumadoras o caóticas. El modelo de Elisabeth Kübler-Ross, concebido inicialmente para comprender el duelo relacionado con una enfermedad terminal, describe cinco etapas: negación, ira, negociación, depresión y aceptación. Si bien estas etapas ofrecen una perspectiva valiosa sobre el duelo humano, es fundamental adaptarlas y comprenderlas en el contexto de la pérdida de una mascota, reconociendo el panorama emocional único que acompaña al fallecimiento de un querido animal de compañía.

En la etapa de negación, es común experimentar conmoción o duda. Es posible que esperes que tu mascota te reciba en la puerta o que escuches sus sonidos en la casa. Esto no es una señal de que hayas perdido la cabeza, sino un mecanismo de defensa natural que amortigua el golpe inmediato de la pérdida, permitiendo que tus emociones se adapten a la realidad de la muerte de tu mascota a un ritmo más manejable. Durante este tiempo, rituales sencillos como mantener el bowl de tu mascota en su lugar, pueden ser una forma suave de aceptar su fallecimiento, en lugar de eliminar abruptamente todos los rastros de ella, lo que puede resultar impactante.

Ira, la segunda etapa puede manifestarse como frustración o irritabilidad. Es posible que te sientas enfadado por las circunstancias de la muerte de tu mascota, por el veterinario o incluso por ti mismo. Es importante comprender que este enfado es una expresión superficial del dolor de tu pérdida. Canalizar esta emoción en actividades como escribir sobre tu mascota o realizar actividades físicas puede ser una forma constructiva de procesarla. Escríbele una carta a tu mascota en la que le expreses las cosas que nunca llegaste a decirle, mientras que el esfuerzo físico, como una caminata rápida o correr, puede ayudar a liberar la tensión que se acumula con la ira.

La negociación a menudo implica reproducir en tu mente situaciones hipotéticas, pensando en lo que se podría haber hecho de manera diferente para evitar la pérdida. Esta etapa puede ser particularmente dolorosa porque te sumerge en el pasado, a menudo con un sentimiento de culpa. Para superar esta etapa, puede ser útil hablar con alguien que comprenda la inevitabilidad de la muerte, como un terapeuta o un veterinario, que pueda ofrecerte una perspectiva racional de la situación y reafirmarte que hiciste todo lo que pudiste por tu mascota.

La depresión en el proceso de duelo puede sentirse como un pesado manto de tristeza difícil de quitar. Refleja la realidad de vivir en un mundo sin tu mascota. Este puede ser el momento en el que más sientes la ausencia de tu mascota, y las tareas cotidianas pueden parecer extraordinariamente difíciles. Crear un libro de recuerdos o un álbum de fotos puede ser una forma terapéutica de honrar la memoria de tu mascota y celebrar el tiempo que estuvieron juntos. Esta actividad te permite revivir y apreciar los buenos momentos, proporcionándote una sensación de paz y aceptación.

Por último, la aceptación no significa que ya no sientas el dolor de la pérdida, sino más bien que has comenzado a encontrar una forma de vivir con él. En esta etapa, los recuerdos de tu mascota pueden traerte más sonrisas que lágrimas. Es un momento en el que puedes empezar a recordar el tiempo que pasaron juntos con gratitud en lugar de con dolor. Iniciar una nueva tradición en memoria de tu mascota, como una donación anual a un refugio de animales en su cumpleaños, puede ser una forma significativa de honrar su vida y el amor que aportó a la tuya.

La experiencia del duelo es profundamente personal para cada persona, y no todo el mundo pasa por estas etapas de forma clara y lineal. Algunas personas pueden saltarse etapas por completo o experimentarlas fuera del orden tradicional. Es importante validar lo que sientes y permitirte experimentar toda la gama de emociones sin juzgarte. Realizar actividades de autocuidado y buscar el apoyo de amigos, familiares o grupos de apoyo también puede brindar consuelo y facilitar la sanación durante este momento difícil. Recuerda que el duelo por la pérdida de una mascota querida no es un proceso que deba apresurarse. Es un testimonio de la profundidad del vínculo que compartían, y cada paso que das hacia la sanación es un paso hacia el homenaje a ese vínculo.

## EL PAPEL DE LAS MASCOTAS EN NUESTRAS VIDAS: UNA PERSPECTIVA EMOCIONAL

Anclas emocionales

En el mosaico de los retos de la vida, las mascotas suelen servir como anclas emocionales inquebrantables. Aportan estabilidad y amor, convirtiéndose en pilares de nuestras vidas en medio de crisis personales o factores externos estresantes. La presencia estabilizadora de las mascotas es innegable para cualquiera que haya sentido el reconfortante lamido de un perro tras un día angustioso o haya escuchado el relajante ronroneo de un gato en momentos de ansiedad. Esta función de ancla es especialmente significativa, ya que va más allá de la mera compañía para abarcar una interacción más profunda y terapéutica. Las mascotas suelen percibir nuestras crisis emocionales y responden con actos de afecto que proporcionan un alivio inmediato y un apoyo emocional a largo plazo. Su capacidad para permanecer a nuestro lado sin juzgarnos ni esperar nada a cambio nos ofrece una forma única de seguridad emocional. En entornos terapéuticos, los animales son cada vez más reconocidos por su capacidad para ayudar a estabilizar las emociones. Los programas que incorporan animales en los regímenes de salud mental suelen reportar mayores niveles de éxito con pacientes que luchan contra la depresión o el trastorno de estrés postraumático, lo que demuestra el profundo impacto que las mascotas pueden tener como anclas emocionales.

Catalizadores sociales

El papel de las mascotas se extiende al ámbito social, donde actúan como catalizadores de la interacción humana. Para las personas a las que les resulta difícil socializar, las mascotas pueden tender puentes y proporcionar un terreno común con los demás. Los parques para perros son ejemplos paradigmáticos en los que los dueños de mascotas, que de otro modo nunca interactuarían, comparten experiencias y conversaciones, unidos por la actividad común de pasear a sus perros. Las mascotas suelen romper las barreras de la incomodidad y el aislamiento iniciando interacciones espontáneas, como el relincho de un caballo, una persecución juguetona, las volteretas de un conejo o el canto de un loro que da lugar a una conversación entre los dueños. Este aspecto es especialmente importante en el mundo actual, en el que la soledad es cada vez más común. Para las personas mayores o aquellas que no tienen familia cercana, las mascotas pueden ser un vínculo con la comunidad, ya que a menudo proporcionan motivos para que sus dueños participen en actividades sociales. Eventos como las exposiciones de mascotas o incluso las reuniones en entornos de convivencia comunitaria subrayan el papel que desempeñan las mascotas a la hora de facilitar las relaciones sociales, que son fundamentales para la salud mental y el bienestar emocional.

Rutina y propósito

Cuidar de una mascota inculca un sentido de rutina y propósito que es a la vez estabilizador y enriquecedor. Las responsabilidades asociadas con el cuidado, la alimentación, el aseo y el ejercicio de las mascotas exigen regularidad y compromiso, lo que da forma a la vida cotidiana de los dueños de mascotas. Esta rutina estructurada proporciona una estructura para los días que, de otro modo, podrían parecer sin forma, especialmente en momentos de incertidumbre o cambio personal. Además, el hecho de cuidar de otro ser vivo mejora la autoestima y el sentido de propósito de una persona. Por ejemplo, el simple hecho de alimentar a una mascota proporciona una prueba tangible del papel que uno desempeña en esta relación simbiótica, lo que refuerza la autoestima a través del acto de cuidar. Esta rutina y las responsabilidades que conlleva fomentan un entorno productivo en el que tanto la mascota como el dueño se benefician, creando una dinámica con sentido que favorece la salud mental y la estabilidad emocional.

Aceptación incondicional

Quizás uno de los aspectos más profundos de la relación entre el dueño y su mascota es la aceptación incondicional que estas proporcionan. No juzgan según los estándares sociales, los éxitos, los fracasos o las apariencias; su aceptación lo abarca todo. Esta naturaleza incondicional ofrece un espacio seguro para que los dueños expresen sus emociones abiertamente, sin temor a ser juzgados o a sufrir repercusiones. En momentos de tristeza, la mera presencia de una mascota, libre de exigencias y llena de aceptación, puede ser más reconfortante que las palabras bienintencionadas de otras personas, que a veces pueden no dar en el blanco. Este aspecto de tener una mascota no solo mejora la salud emocional diaria, sino que también proporciona importantes beneficios terapéuticos. Las personas que se recuperan de una adicción o que se enfrentan a problemas de salud mental suelen afirmar que la aceptación sin prejuicios de sus mascotas es clave para su recuperación y bienestar emocional. Las mascotas les recuerdan constantemente que son dignas de amor y cuidado, un mensaje que puede cambiar la vida de quienes luchan por aceptarse y quererse a sí mismos.

Al cumplir estas funciones, las mascotas se entrelazan con nuestra vida emocional, convirtiéndose en parte integral de nuestro bienestar. A medida que seguimos comprendiendo y apreciando estas relaciones, queda claro que las mascotas hacen mucho más que llenar nuestras vidas de alegría y compañía; tocan la esencia misma de nuestra existencia emocional y social, dando forma a nuestra vida cotidiana de maneras sutiles y profundas.

## COMPRENDER EL IMPACTO PSICOLÓGICO DE LA PÉRDIDA DE UNA MASCOTA

El impacto psicológico de perder una mascota es profundo y multifacético, y afecta aspectos de nuestra identidad, nuestras rutinas y nuestro panorama emocional. Para muchos dueños de mascotas, estas no son solo animales, sino miembros integrales de sus vidas, una parte esencial de su existencia. Cuando una mascota fallece, no es raro que los dueños experimenten una crisis de autopercepción. Esto puede manifestarse con especial intensidad en personas que se definen a sí mismas de manera significativa a través de su relación con sus mascotas. Por ejemplo, alguien que es conocido en su comunidad como la persona que siempre pasea a su perro por el parque local cada mañana, puede sentir una sensación de pérdida de rol junto con su dolor. Este cambio puede desencadenar una reevaluación de sí mismo: ¿quién es sin su mascota? El vacío que deja la muerte de una mascota a menudo va más allá de la ausencia de presencia física e incluye un profundo impacto en el sentido de identidad y propósito del dueño.

La sensación de pérdida que se experimenta puede ser abrumadora, ya que abarca la pérdida de compañía, la ruptura de rutinas diarias y la ausencia física de la mascota. Esta pérdida se siente en los momentos de silencio que antes se llenaban con los sonidos de tu mascota moviéndose por la casa, en los espacios donde estaba su cama o sus juguetes, y en las rutinas que estructuraban el día en torno a los paseos, las comidas y los momentos de juego. Cada uno de estos elementos formaban parte de una vida compartida, y su ausencia puede dejar un vacío palpable. Adaptarse a esta nueva normalidad a menudo requiere reorientar la vida cotidiana, lo que puede ser un proceso doloroso lleno de recuerdos de la pérdida.

Además, los sentimientos de culpa y arrepentimiento son respuestas comunes tras la muerte de una mascota. Los dueños a menudo le dan vueltas a los últimos días de su mascota, cuestionando sus decisiones respecto a la atención veterinaria o a su capacidad para prevenir la muerte. Estos sentimientos pueden verse agravados por la responsabilidad que los dueños de mascotas suelen sentir por el bienestar de sus animales. Para abordar estas emociones dolorosas, es fundamental practicar la autocompasión y buscar tranquilidad a través de conversaciones con veterinarios u otros dueños de mascotas que puedan aportar perspectiva y validar tus decisiones. Comprender que estos sentimientos de culpa son una parte normal del proceso de duelo también puede ayudar a aliviar parte de tu carga.

Las pérdidas secundarias tras la muerte de una mascota también contribuyen a la experiencia general del duelo. Estas pueden incluir la pérdida de la sensación de seguridad que te proporcionaba tu mascota, los cambios en las interacciones sociales (como las que se producían durante los paseos o las visitas al veterinario) y el impacto en otras mascotas del hogar, que también pueden sufrir la pérdida o mostrar signos de estrés. Es importante reconocer estas pérdidas secundarias, ya que a menudo pasan desapercibidas, pero agravan la experiencia general del duelo. Abordar estas pérdidas implica crear nuevas rutinas y encontrar fuentes alternativas de seguridad e interacción social, lo que puede ayudar a restablecer el equilibrio y el bienestar en la vida del dueño.

Comprender las capas del impacto psicológico tras la pérdida de una mascota pone de manifiesto la profundidad del vínculo entre los seres humanos y sus compañeros animales. También destaca la necesidad de proporcionar apoyo y recursos para superar este momento difícil, haciendo hincapié en que el dolor que se siente es real y merece ser reconocido. A medida que seguimos explorando estos temas, la resiliencia del espíritu humano es evidente, al igual que el impacto duradero del amor compartido con una mascota. Este amor, aunque conlleva el riesgo de un profundo dolor, también proporciona una profunda fuente de consuelo y conexión que puede seguir inspirando mucho después de que la mascota haya fallecido.

# RECONOCER Y VALIDAR TU DOLOR

A medida que vas pasando las páginas de este libro, tal vez con el corazón encogido y la incredulidad de que la mascota que alguna vez fue una presencia vibrante en tu vida ya no está a tu lado, es esencial reconocer y validar tus sentimientos. El dolor, en su forma más cruda, puede sentirse como un intruso no deseado que es desordenado, abrumador y, a menudo, aislante. Sin embargo, comprender que estas emociones son una respuesta normal y válida a tu pérdida es el primer paso para sanar. Este capítulo está dedicado a afirmar tu duelo, ofreciéndote el permiso para experimentarlo plenamente y guiándote hacia prácticas de autocompasión que pueden proporcionar consuelo durante este momento vulnerable.

## ESTÁ BIEN NO ESTAR BIEN: RECONOCER TU DUELO.

Normaliza el duelo

En una sociedad que a menudo se apresura a enmascarar el malestar o a superar rápidamente la tristeza, es importante afirmar que el duelo es una respuesta natural a la pérdida, especialmente a una pérdida tan significativa como la de una mascota querida. Tu mascota no era solo un animal, sino un compañero querido, un miembro de la familia cuyo amor incondicional y presencia enriquecían tu vida a diario. La profundidad de tu dolor refleja la profundidad de su vínculo, y sentirte devastado, perdido o incluso distante son emociones naturales que muchos experimentan bajo el peso de tal pérdida. Está bien no estar bien cuando estás de duelo. Al reconocer tu dolor, te permites el espacio para comprender y procesar tus emociones, en lugar de reprimirlas, lo cual es un paso crucial en el proceso de sanación.

Abanico de emociones

El dolor no se presenta de manera uniforme, sino que abarca un abanico de emociones que pueden variar mucho de una persona a otra. Es posible que te encuentres oscilando entre la tristeza y la alegría, el alivio y el dolor, especialmente si tu mascota sufría antes de fallecer. A veces, es posible que incluso te sorprendas a ti mismo sonriendo al recordar buenos momentos, solo para volver a sentir dolor una vez más. Cada una de estas emociones es una respuesta válida a tu pérdida. Es importante reconocer y aceptar esta variabilidad, comprender que el duelo puede manifestarse de diferentes maneras y que cada emoción desempeña un papel en tu camino hacia la sanación. Permitirse sentir estas emociones sin juzgarlas es una parte fundamental del proceso de duelo.

Permiso para lamentar

Aquí se te concede permiso inequívoco para lamentar. Lamentar la pérdida de tu mascota no es una reacción exagerada; es una respuesta necesaria y saludable a una pérdida significativa. Toma el tiempo que necesites para lamentar, llorar, recordar y sanar. Reserva momentos de tu día para reflexionar sobre la alegría que tu mascota trajo a tu vida y el espacio que ocupaba en tu corazón. Crea homenajes que te ayuden a expresar tu dolor, ya sea encendiendo una vela cada noche en su memoria, compilando un álbum de fotos o escribiendo historias sobre su vida juntos. Participar en estos actos de recuerdo puede ser terapéutico y servir como testimonio del amor que compartían.

Autocompasión

Durante este momento de intensa vulnerabilidad, es esencial practicar la autocompasión. Sé amable contigo mismo y reconoce que el dolor puede afectar a tu salud mental, emocional y física. No pasa nada por reducir tu carga de trabajo, aléjate de las obligaciones sociales o simplemente tómate un día libre cuando te sientas abrumado. Trátate con la misma amabilidad y comprensión con la que tratarías a un buen amigo en duelo. Considera la posibilidad de incorporar prácticas que fomenten tu bienestar, como la meditación, el ejercicio suave o pasar tiempo en la naturaleza. Cada acto de autocuidado es un paso más para sanar, que refuerza tu resiliencia y tu capacidad para afrontar el dolor de tu pérdida.

Cuando aceptas estos principios, comienzas a normalizar tu duelo, a aceptar el abanico emocional del duelo, a darte permiso para llorar y a practicar la autocompasión. Esto creará una base para sanar, que honra tanto tus sentimientos como la memoria de tu querida mascota. A medida que continúes navegando por estas páginas, recuerda que este libro es un espacio seguro diseñado para apoyarte y guiarte a través de cada etapa de tu duelo, ayudándote a encontrar consuelo y, finalmente, una renovada sensación de paz.

## IDEAS FALSAS SOBRE EL DUELO POR LA PÉRDIDA DE UNA MASCOTA

Al lidiar con la pérdida de una mascota, es posible que te encuentres con muchas ideas falsas que pueden complicar tu proceso de duelo. Frases comunes como "solo es un animal" o expectativas de que debes superar rápidamente tu dolor, no solo son hirientes sino que también reflejan un profundo desconocimiento del vínculo que compartías con tu mascota. Es necesario abordar estos mitos, no solo para defender tu derecho a llorar su pérdida, sino también para arrojar luz sobre la verdad acerca del duelo por un querido animal de compañía.

Desmintiendo mitos

La idea de que "solo es un animal" pretende trivializar la relación que tenías con tu mascota. Sin embargo, como sabe cualquier dueño de una mascota, el vínculo con un animal es tan significativo y rico como cualquier relación humana. Las mascotas no son solo animales, son miembros de la familia, confidentes y compañeros de vida. Celebran con nosotros los momentos de alegría y nos consuelan en los momentos de angustia, respondiendo a nuestras emociones con una empatía que a menudo supera las capacidades humanas.

Cuando alguien minimiza su muerte con un "solo es un animal", pasa por alto estas profundas conexiones. Es esencial enfrentarse a este mito compartiendo la profundidad de tu relación, tal vez explicando cómo tu mascota estuvo ahí durante cambios significativos en tu vida o cómo su presencia te ayudó a afrontar retos personales. Al hacerlo, validas la importancia de tu pérdida y educas a los demás sobre la complejidad de las relaciones entre las mascotas y los humanos.

Otro cliché dañino es la expectativa de superar rápidamente la pérdida. El duelo no tiene un calendario, y el proceso de sanación difiere enormemente de una persona a otra. La idea de que debes superar rápidamente el duelo por tu mascota no solo menosprecia la profundidad de tu vínculo, sino que también te presiona para que reprimas tus emociones, lo que puede conducir a un duelo no resuelto. Contrarresta este mito permitiéndote el tiempo que necesitas para llorar tu pérdida y aceptando tu duelo sin vergüenza. Compartir tu proceso puede ayudar a otros a comprender y puede animarlos a replantearse sus expectativas sobre el duelo.

Expectativas sociales

Las normas sociales a menudo dictan una expresión moderada del duelo que puede no proporcionarte el espacio suficiente para llorar adecuadamente. Puedes sentirte presionado para parecer fuerte o para volver a tu rutina como si nada hubiera pasado. Estas expectativas pueden ser sofocantes cuando se trata de una pérdida que se siente como perder una parte de tu corazón. Para navegar por estas presiones sociales, busca espacios seguros donde tu duelo sea validado. Rodéate de amigos, familiares o grupos de apoyo para la pérdida de mascotas que comprendan la magnitud de tu pérdida y te ofrezcan la compasión que necesitas. Además, establecer límites en torno a tu proceso de duelo puede empoderarte para sanar a tu manera. Por ejemplo, puedes optar por compartir tus sentimientos solo con personas selectas que respeten tu necesidad de llorar tu pérdida o decidir tomarte un tiempo libre de las funciones sociales para darte espacio para procesar tus emociones en privado.

Duelo comparativo

A veces, personas bien intencionadas pueden comparar la pérdida de una mascota con otros tipos de pérdidas, tal vez dando a entender que es menos significativa que la pérdida de un ser humano. Esta comparación puede ser increíblemente dolorosa porque desestima tu dolor como menor o injustificado. Es importante entender que el dolor no es una competencia entre pérdidas. El dolor que sientes por la pérdida de tu mascota es válido y significativo, independientemente de cómo se compare con otras pérdidas. Cada relación que formamos, ya sea con seres humanos o con mascotas, es única, así como el duelo que sentimos por cada pérdida es profundamente único. Acepta tus sentimientos como válidos y evita las comparaciones que buscan cuantificar tu dolor. Recuerda que la profundidad de tu duelo es un testimonio de la profundidad de tu amor.

Duración del duelo

Por último, es fundamental disipar la idea errónea de que el duelo debe ser breve. La duración del duelo es profundamente personal y puede verse afectada por la intensidad de tu vínculo, tus experiencias previas con la pérdida y tu resiliencia emocional y psicológica en general. Algunas personas pueden encontrar la paz en cuestión de meses, mientras que otras pueden tardar años en encontrar una nueva normalidad. Sea cual sea tu calendario, es perfectamente normal. Sanar no consiste en ajustarse a un calendario, sino en encontrar una forma de llevar tus recuerdos adelante de una manera que honre a tu mascota y se adapte a tus necesidades emocionales. Permítete llorar durante el tiempo que necesites, ya sea mucho o poco. Adopta prácticas que te aporten consuelo, ya sea creando conmemoraciones, escribiendo sobre tu mascota o celebrando su vida de formas significativas. Tu proceso de duelo es solo tuyo, y respetar tu propio calendario es una parte fundamental del proceso de sanación.

## CÓMO PUEDE VARIAR EL DUELO: TIPOS DE PÉRDIDA DE MASCOTAS

Cuando una mascota querida se va de nuestras vidas, la naturaleza de su partida moldea significativamente nuestra experiencia de duelo. Cada escenario, ya sea repentino o anticipado, conlleva sus propios retos emocionales y matices distintivos. Por ejemplo, la pérdida repentina de una mascota a menudo te deja lidiando con el shock y una prolongada sensación de negación. El mundo puede parecer irreal, como si te faltara una pieza crucial, mientras luchas por aceptar que tu mascota realmente se ha ido. Esta negación no es simplemente una negativa a aceptar los hechos, sino una barrera protectora para tu corazón, que le da tiempo a tus emociones para adaptarse a la nueva realidad. Esta fase puede ser especialmente intensa para quienes experimentan la muerte de su mascota debido a un accidente o una enfermedad repentina, en los que la falta de aviso añade una capa adicional de confusión emocional. La ausencia de la oportunidad de decir adiós puede dar lugar a sentimientos sin resolver, preguntas sin respuesta y "qué habría pasado si...".

Por otro lado, cuando se anticipa el fallecimiento de una mascota, tal vez debido a una enfermedad crónica o a la vejez, el proceso de duelo puede ser muy diferente. En este caso, es posible que te encuentres en un estado prolongado de duelo anticipado, en el que comienzas a llorar la pérdida de tu mascota incluso mientras aún esté viva. Este tipo de duelo puede implicar emociones complejas, como el miedo a la pérdida inminente y la ansiedad de ver cómo tu mascota se va apagando. Sin embargo, también brinda la oportunidad de prepararse emocional y mentalmente, de apreciar el tiempo que les queda juntos y de despedirse de una manera que la pérdida repentina no permite. Esta preparación puede conducir a una aceptación más matizada del fallecimiento de la mascota cuando llegue el momento, pero también puede prolongar el período general de duelo, ya que se vive el ciclo de esperanza y desesperación varias veces.

La eutanasia añade otra capa de complejidad al proceso de duelo. La decisión de poner fin al sufrimiento de una mascota es un profundo acto de amor, pero puede despertar intensos sentimientos de culpa y duda. Es posible que te preguntes si tomaste la decisión demasiado pronto o demasiado tarde, o que te tortures por saber si fue la decisión correcta. Estos sentimientos pueden nublar tu duelo, dificultando que encuentres la paz. En estos momentos, es importante recordar la compasión que guió tu decisión, hablar de tus sentimientos con amigos, familiares o profesionales que te apoyen y te ayuden a ver que elegir un final tranquilo para una mascota que sufre es un acto de bondad, aunque conlleve un gran costo emocional.

El dolor de perder a una mascota también puede verse agravado por la incertidumbre de una mascota desaparecida. No saber el destino de un animal querido puede dejarte en un limbo de esperanza y desesperación, prolongando el proceso de duelo y complicando tu recuperación emocional. La falta de cierre puede llevar a una búsqueda prolongada de respuestas, tanto física como emocional. Esto puede impedirte experimentar y procesar plenamente tu duelo. La ambigüedad que rodea a la desaparición de una mascota puede ser uno de los escenarios más difíciles de afrontar, ya que la naturaleza abierta de la pérdida no ofrece un camino claro a través de las etapas habituales del duelo.

Además, la muerte de una mascota a menudo da lugar a pérdidas secundarias, que pueden profundizar y complicar profundamente el duelo. Se trata de cambios menos evidentes pero significativos que acompañan a la pérdida de una mascota, como la pérdida de la rutina que estructuraba tus días en torno a los paseos o las comidas, o la pérdida de la compañía que llenaba tu hogar de energía y afecto. Cada una de estas pérdidas secundarias puede evocar el duelo por sí misma, añadiendo capas al proceso general de luto. Estas representan las numerosas formas en que las mascotas se entrelazan en nuestra vida cotidiana, y su ausencia puede dejar un gran vacío que va más allá de la falta de su presencia física.

Hay diversos tipos de duelo que acompañan a los diferentes tipos de pérdida de una mascota, y debes comprender que cada proceso es único y profundamente personal. Ya sea que tu duelo sea repentino o anticipado, agravado por la eutanasia, marcado por la incertidumbre o plagado de pérdidas secundarias, cada uno conlleva sus propios desafíos. Reconocer y comprender estas diferencias puede ayudarte a encontrar formas adecuadas de afrontar la situación y, finalmente, encontrar un camino hacia la paz, honrando el vínculo único que compartías con tu mascota y el amor que permanecerá para siempre.

**El impacto de la pérdida repentina vs. la pérdida anticipada de una mascota**

Cuando la pérdida de una mascota querida se produce de forma repentina, sin previo aviso, puede sentirse como que el suelo se ha derrumbado bajo tus pies. En un momento la vida es normal y, al siguiente, es como si una parte importante de tu mundo se hubiera desvanecido en el aire. Esta ausencia repentina puede provocar un profundo shock, dejándote enfrentarte a una realidad que parece imposible e insoportable. En casos como estos, el shock inicial puede manifestarse como un entumecimiento, un mecanismo de protección que te aísla del impacto total de tu dolor. Este entumecimiento puede verse interrumpido por momentos de dolor agudo, ya que la realidad de la pérdida rompe intermitentemente la barrera emocional protectora que has construido inconscientemente. Estos momentos pueden ser profundamente desorientadores, haciendo que las primeras etapas del duelo se sientan como un torbellino confuso de emociones en el que la incredulidad y la comprensión compiten por el dominio.

Este shock puede complicar significativamente el proceso de duelo, prolongando a menudo las etapas de negación y enojo. No es raro que te encuentres reviviendo repetidamente el momento de la pérdida, tratando de entender cómo algo tan vital pudo ser arrancado tan abruptamente de tu vida. Las preguntas "¿Por qué?" y "¿Cómo pudo suceder esto?" pueden dominar tus pensamientos sin proporcionar ningún consuelo. La falta de aviso previo ante una pérdida repentina significa que no has tenido la oportunidad de prepararte mental o emocionalmente para la ausencia de tu mascota, lo que puede intensificar los sentimientos de falta de preparación y vulnerabilidad. En estos momentos, es importante permitirse experimentar plenamente el impacto y el dolor, ya que negar estos sentimientos puede retrasar el proceso de sanación. En cambio, reconocer el impacto del shock, tal vez hablando de ello con un amigo de confianza o un terapeuta, puede ayudarte a empezar a procesar la realidad de tu pérdida.

Por el contrario, cuando se anticipa el fallecimiento de una mascota, tal vez debido a una larga enfermedad o simplemente a la culminación de una edad avanzada, existe una oportunidad de preparación que la pérdida repentina no permite. Esta preparación no es solo logística, es también emocional, ya que implica decisiones sobre los cuidados al final de la vida. Es posible que te encuentres iniciando el proceso de duelo mucho antes de que tu mascota fallezca, preparándote mental y emocionalmente para lo inevitable. Este duelo anticipado puede ayudar a mitigar el impacto cuando finalmente se produce la pérdida, pero también presenta sus propios retos. Es posible que te encuentres constantemente con los nervios de punta, atrapado entre aprovechar al máximo el tiempo que te queda con tu mascota y el agotamiento emocional de esperar la pérdida que sabes que se avecina. Este prolongado período de anticipación puede provocar fatiga, tanto emocional como física, ya que el estrés sostenido pasa factura.

Tanto las pérdidas repentinas como las anticipadas conllevan una carga de dolor y remordimientos. En las pérdidas repentinas, es posible que te atormentes con preguntas del tipo "¿y si...", como por ejemplo, ¿y si me hubiera dado cuenta antes de que algo iba mal?, ¿y si hubiera actuado de otra manera?, ¿podría haber evitado su muerte?... Estos pensamientos pueden ser intrusivos e implacables, alimentando la culpa y la negación, lo que complica el duelo inicial. En las pérdidas anticipadas, aunque es posible que tengas más tiempo para asegurarte de que estás proporcionando todos los cuidados posibles, las preguntas pueden cambiar a "¿hice lo suficiente?" o "¿hice que sus últimos días fueran cómodos?". Es posible que te preguntes si se podría haber hecho algo más o si tomaste las decisiones correctas en cuanto a su cuidado. Estas dudas pueden provocar un dolor persistente que opaca tu duelo, lo que dificulta centrarse en los buenos momentos que compartiste, en lugar de en las circunstancias de su fallecimiento.

El tiempo que dura el duelo también puede variar mucho entre las pérdidas repentinas y las anticipadas. En el caso de las pérdidas repentinas, el prolongado período de conmoción y negación puede dar lugar a un proceso de duelo más largo en general. Es posible que un día te sientas bien y al día siguiente te sientas abrumado por el dolor, a medida que la realidad de la pérdida se va asimilando con el tiempo. Por el contrario, en el caso de una pérdida anticipada, aunque es posible que comiences a llorar antes, la aceptación también puede llegar antes, ya que has tenido tiempo para reconciliarte mental y emocionalmente con la pérdida inminente. Sin embargo, esto no quiere decir que un tipo de pérdida sea más fácil de afrontar que la otra, ya que cada una conlleva sus propios retos emocionales y requiere su propio camino hacia la sanación.

Las secuelas de la muerte de una mascota, ya sea repentina o anticipada, implican reconocer y respetar los retos únicos que presenta cada tipo de pérdida. Al comprender estas diferencias, puedes adaptar mejor tus estrategias para afrontar tu situación específica, asegurándote de que cuentas con el mejor apoyo posible en este momento difícil. Recuerda, no hay una forma correcta o incorrecta de sentirse tras la pérdida de una mascota; solo existe su forma y, sea cual sea su camino, es válido.

## LA IMPORTANCIA DE RECONOCER TU DOLOR

En la tranquila secuela de perder a una mascota, puede que te encuentres rodeado de consejos bien intencionados como "mantente fuerte" o "mantente ocupado", sugerencias que podrían llevarte a pensar que reconocer tu dolor es, de alguna manera, un paso hacia atrás en tu sanación.

Sin embargo, la verdad es todo lo contrario. Reconocer y validar tus propios sentimientos de pérdida no es solo un paso crucial en tu recuperación emocional, sino uno necesario. Es el proceso de confrontar estos sentimientos directamente, en lugar de evitarlos, lo que cataliza una verdadera sanación.

El reconocimiento como sanación

Entender que el reconocimiento es esencial para la sanación comienza cuando notas que el duelo, aunque es profundamente personal, sigue ciertos patrones universales. Uno de ellos es que enterrar o ignorar el dolor emocional generalmente lo prolonga, permitiéndole resurgir más tarde de formas más disruptivas. Por el contrario, confrontar este dolor, sentarte realmente con él y comprender su profundidad, puede conducir a un proceso de sanación más completo y resistente. Piensa en esto como atender una herida para sanarla: necesita ser limpiada y cuidada, no ignorada. En el contexto de la pérdida de una mascota, esto podría significar permitirte momentos para abrazar plenamente la tristeza o el vacío que dejó su ausencia. Podría implicar mirar sus fotos, visitar lugares que disfrutaron juntos, o simplemente sentarte con tus recuerdos, permitiéndote sentir la pérdida por completo. Este reconocimiento activo ayuda a procesar la realidad emocional de tu pérdida, integrando tus experiencias en tu recuperación emocional.

Evitar vs. confrontar

Los efectos de evitar el duelo vs. confrontarlo pueden ser evidentes. La evasión puede parecer atractiva; a menudo es menos dolorosa a corto plazo y ofrece un escape temporal de lidiar con tus emociones. Puede que te entregues por completo al trabajo, satures tu agenda social o tomes nuevos hobbies, cualquier cosa para mantener tu mente ocupada. Sin embargo, el alivio que proporciona suele ser fugaz, y el duelo no resuelto puede manifestarse de maneras inesperadas, como irritabilidad, trastornos del sueño, o incluso síntomas físicos como dolores de cabeza o fatiga. En contraste, confrontar tu duelo implica enfrentar estas emociones incómodas de frente. Se trata de darte permiso para lamentar y entender que hacerlo es una parte vital del proceso de sanación. Esta confrontación ayuda a aceptar la realidad de tu pérdida, permitiéndote ajustarte a la vida sin tu querida mascota mientras honras la relación que compartieron.

Encuentra apoyo

Rodearte de personas que reconozcan y validen tu dolor es otro elemento crucial de la sanación. El apoyo puede provenir de familiares, amigos, grupos de apoyo para la pérdida de mascotas, o consejeros profesionales. La clave es conectar con personas que comprendan la importancia de tu pérdida y ofrezcan la empatía y el espacio que necesitas para hacer el duelo. Dichos entornos no solo brindan consuelo, sino que también refuerzan la normalidad de tus sentimientos. Pueden actuar como un espejo, reflejando tus emociones y experiencias, lo cual ayuda a procesar el duelo. Si te encuentras en círculos donde tu duelo es minimizado o malentendido, podría ser necesario buscar fuentes de apoyo adicionales o alternativas donde tus sentimientos sean validados y donde puedas hablar abiertamente sobre tu pérdida sin miedo a ser juzgado.

Escritura y reflexión

Incorporar la escritura, en forma de diario o prácticas reflexivas, puede ser particularmente efectivo para reconocer y procesar tu duelo. Escribir sobre tus sentimientos y experiencias puede proporcionar una liberación y servir como una forma de terapia. Podrías escribir cartas a tu mascota, relatando los recuerdos que atesoras o expresando los sentimientos que no pudiste verbalizar.

Alternativamente, mantener un diario de duelo puede proporcionar una forma estructurada de documentar y explorar tus emociones a diario. Estos escritos pueden convertirse en un espacio privado y sagrado donde todos tus sentimientos son permitidos y reconocidos, un lugar donde tu duelo es visto y oído, aunque solo sea por las páginas de tu diario. Esta práctica no solo ayuda a procesar las emociones en el momento, sino que también puede ofrecer reflexiones profundas sobre tu camino de sanación a lo largo del tiempo, mostrándote lo lejos que has llegado y las maneras en que has crecido y te has adaptado desde tu pérdida.

Adoptar estas prácticas, reconocer tu dolor, confrontar tu duelo directamente, buscar entornos de apoyo e involucrarte en la escritura reflexiva, no son solo pasos hacia la sanación; son afirmaciones de tu amor por tu mascota y del impacto que tuvo en tu vida. Honran tu relación y el vínculo que compartieron, asegurando que, aunque tu mascota ya no esté a tu lado, el amor que le tienes siga siendo reconocido y apreciado en tu camino hacia adelante.

## LIDIAR CON EL DESDÉN POR LA PÉRDIDA DE UNA MASCOTA

Cuando estás enfrentando la pérdida de una mascota querida, encontrarte con actitudes despectivas por parte de otras personas puede añadir una capa adicional de angustia a tu ya apesadumbrado corazón. No es raro enfrentar comentarios que subestiman la profundidad de tu duelo, dejándote con una sensación de incomprensión y aislamiento. Manejar estas interacciones requiere tacto y fortaleza, y aquí exploraremos estrategias para manejar el desprecio de manera efectiva, proteger tu espacio emocional y buscar comprensión de quienes te rodean.

Reconoce el desdén

El primer paso para lidiar con las actitudes despectivas es reconocer que no todas las personas entienden el vínculo profundo que existe entre una mascota y su dueño. Para algunos, una mascota puede ser simplemente un animal, pero para ti, era un miembro de la familia cuya pérdida se siente tan significativa como la de un ser humano querido. Cuando te enfrentes a comentarios despectivos, puede ser útil responder con explicaciones tranquilas y serenas sobre lo que tu mascota significaba para ti. Explicar el rol que tuvo tu mascota en tu vida a veces puede ayudar a que otros vean el impacto emocional de tu pérdida. Sin embargo, también es importante elegir tus batallas con sabiduría. Algunas personas quizás nunca lleguen a comprenderlo, y reconocer cuándo es el momento de desvincularte puede lograr que evites un mayor desgaste emocional. En su lugar, enfoca tu energía en mantener la calma y buscar apoyo en aquellos que sí entienden y valoran tus sentimientos.

Busca comprensión

Comunicar la profundidad de tu duelo de manera efectiva a veces puede convertir las actitudes despectivas en una comprensión empática. Al compartir tus sentimientos, sé tan abierto como te sientas cómodo, detallando no solo el hecho de que estás de duelo, sino cómo te afecta diariamente. Describe el vacío en tu hogar sin la presencia de tu mascota, el silencio donde antes había el sonido de sus movimientos, o cómo ciertas rutinas ahora traen consigo una sensación de pérdida. Estos detalles específicos pueden proporcionar ejemplos tangibles de tu duelo, haciendo que sea más fácil para otros identificarse. Además, compartir recuerdos de tu mascota puede ilustrar el vínculo que compartían, transmitiendo aún más la importancia de tu pérdida. También es beneficioso expresar qué tipo de apoyo necesitas. Ya sea un oído que te escuche, un espacio para hablar sobre tu mascota, o simplemente el reconocimiento de tu duelo, permitir que otros sepan cómo pueden ayudar puede orientarlos sobre cómo responder durante este momento difícil.

Protege tu espacio emocional

Establecer límites es crucial para proteger tu bienestar emocional, especialmente cuando lidias con actitudes despectivas. Si ciertas personas constantemente subestiman tus sentimientos, puede ser necesario limitar tus interacciones con ellas, al menos temporalmente. Esto no significa necesariamente cortar lazos, sino más bien darte permiso para excusarte de conversaciones o situaciones que se sientan emocionalmente complejas. Crear estos límites te permite preservar tu energía para dedicarla a sanar, en lugar de defender tu derecho a estar de luto. Recuerda, está bien priorizar tus necesidades y tomar distancia de las relaciones que no te brindan apoyo. Adicionalmente, crear un espacio emocional seguro puede implicar rodearte de recuerdos de tu mascota que te brinden consuelo, como mantener sus fotos. Estos actos pueden servir como afirmaciones de tu derecho a lamentar y a celebrar la vida de tu mascota a tu manera.

Encuentra una comunidad

Una de las formas más efectivas de combatir el comportamiento despectivo es conectando con otras personas que entienden y comparten tus experiencias. Busca grupos de apoyo para la pérdida de mascotas, tanto presenciales como en línea, donde puedas expresar tus sentimientos sin miedo a ser juzgado. Estos grupos proporcionan una plataforma para compartir historias y recuerdos de sus mascotas, ofreciendo consuelo y comprensión de aquellos que se identifican con tu pérdida. Además, participar en foros o grupos de redes sociales dedicados a los amantes de las mascotas también puede proporcionar un sentimiento de comunidad. Aquí, el amor compartido por las mascotas fomenta empatía por la pérdida de los demás, ofreciendo un hombro colectivo en el que apoyarse. Participar en estas comunidades no solo te ayuda a sentirte comprendido, sino que también te brinda la oportunidad de apoyar a otros en su duelo, creando un entorno recíproco de sanación y compasión. A través de estas conexiones, reafirmas que no estás solo en tus sentimientos, y que tu duelo, al igual que tu amor por tu mascota, es real y válido.

## Cuando el duelo golpea fuerte: Identificando el duelo complicado

Aunque muchos aspectos del duelo pueden sentirse abrumadores, existen señales específicas que indican que tu experiencia podría estar desviándose hacia lo que los profesionales denominan: duelo complicado. Esta forma de duelo se caracteriza por su duración prolongada y el impedimento significativo que causa en tu vida, emociones y funcionamiento general. Reconocer las señales del duelo complicado es crucial, ya que a menudo puede requerir intervenciones más especializadas para poder superarlo con éxito. Estas señales pueden incluir tristeza persistente que no parece mejorar, una incapacidad para pensar en otra cosa que no sea tu mascota perdida, sentir que la vida no tiene sentido sin ella, o sentimientos intensos de culpa o ira que no desaparecen. También puedes encontrarte retraído de actividades sociales que antes disfrutabas, o sentir que no puedes hablar de tu mascota sin sentirte abrumadoramente emocional.

Entender cuándo y cómo buscar ayuda profesional es fundamental en casos de duelo complicado. Si bien los amigos y familiares pueden ofrecer un apoyo importante, un profesional de la salud mental especializado en asesoría de duelo puede proporcionar las herramientas y técnicas para manejar tu duelo de manera más efectiva. Encontrar el apoyo adecuado a menudo comienza hablando con tu médico de cabecera, quien puede derivarte a especialistas. Además, busca asesores o terapeutas que listen el duelo como un área de enfoque, o considera grupos de apoyo específicamente para aquellos que están de duelo por la pérdida de mascotas. Estos profesionales y grupos pueden ofrecer no solo comprensión y validación, sino también formas estructuradas para trabajar tu duelo.

Los desencadenantes del duelo complicado a menudo pueden ser sutiles e inesperados, lo que hace difícil manejarlos. Los desencadenantes comunes incluyen aniversarios, ver los juguetes favoritos de tu mascota, o visitar lugares a los que iban juntos. Estos momentos pueden reavivar repentinamente tu duelo, haciéndote sentir como si no hubieras progresado en tu sanación. Aprender a manejar estos desencadenantes implica reconocerlos con antelación, cuando sea posible, y desarrollar estrategias de afrontamiento, como planificar con anticipación los aniversarios o reorganizar tu hogar para disminuir el impacto de ver las pertenencias de tu mascota todos los días. A veces, el simple hecho de estar preparado para la posibilidad de un desencadenante del duelo puede hacer que sean más fáciles de manejar.

A pesar de los desafíos del duelo complicado, hay innumerables historias de resiliencia y recuperación que pueden ofrecerte esperanza. Las personas encuentran fuerza y sanación a través de grupos de apoyo, terapia, y a veces canalizando sus experiencias en actividades que honran la memoria de su mascota, como ser voluntario en refugios de animales o comenzar proyectos relacionados con mascotas. Estas acciones no borran el dolor, pero pueden ayudar a canalizar tu duelo hacia algo que se sienta significativo. Con el tiempo, con el apoyo y las estrategias de afrontamiento adecuadas, los bordes afilados del duelo se suavizan, permitiendo que los afectados recuerden a sus mascotas con más amor que dolor. Esta transformación no es rápida, pero es un testimonio de la fortaleza del espíritu humano, para resistir, adaptarse y encontrar maneras de llevar el amor hacia adelante, incluso después de una pérdida tan significativa.

## PRIMEROS AUXILIOS EMOCIONALES: EL AUTOCUIDADO DESPUÉS DE LA PÉRDIDA

Maniobrar a través de las secuelas de perder a una mascota querida requiere un enfoque suave para el autocuidado, que puede servir como tus primeros auxilios emocionales. No se trata de indulgencia, sino de encontrar y aplicar esas pequeñas medidas diarias que pueden ayudarte a través de tu proceso de duelo. No se puede subestimar la conexión entre cuidar tus necesidades físicas y mejorar tu salud emocional; cada una influye significativamente en la otra. Durante los momentos de estrés emocional, es crucial asegurar que tu salud física no se descuide, ya que la mente y el cuerpo están profundamente interconectados. Involucrarse en ejercicio regular y suave puede ser una herramienta poderosa para manejar el estrés y mejorar el estado de ánimo. No se trata de entrenamientos extenuantes, sino más bien de actividades como caminar o hacer yoga ligero, que ayudan a liberar endorfinas y proporcionan un cambio de escenario, lo cual puede ayudar a desviar tu atención de tu duelo, así sea por un momento.

Además, mantener o adaptar tus rutinas diarias proporciona un marco de normalidad durante un tiempo que se siente como cualquier cosa menos normal. Las rutinas pueden actuar como anclas, ofreciendo previsibilidad cuando la vida parece incierta. Ya sea tu café de la mañana, una caminata nocturna o un ritual de lectura, estos pequeños actos de normalidad pueden ser profundamente reconfortantes. Te recuerdan que, a pesar de la profunda pérdida, la estructura de tu vida permanece, ofreciendo tanto consuelo como un camino para reconstruir y renovar gradualmente tu existencia diaria sin tu mascota.

Participar en expresiones creativas ofrece otra vía terapéutica para explorar tus sentimientos y recuerdos relacionados con tu mascota. El arte, ya sea a través de la pintura, la escritura o la música, permite una expresión catártica del duelo. Proporciona una expresión tangible de tus emociones, lo cual puede ser particularmente sanador. Podrías pintar un retrato de tu mascota, escribir poemas o historias sobre sus experiencias juntos, o componer música que capture la esencia de lo que significaba para ti. Estos actos creativos no solo ayudan a procesar tus emociones, sino que también crean tributos duraderos a tu mascota, celebrando su vida y el impacto que tuvieron en ti.

Al incorporar estas estrategias de autocuidado en tu rutina, no solo honras tu necesidad de duelo, sino que también refuerzas tu capacidad para sobrellevar y, finalmente, sanar de la pérdida de tu querido compañero. Cada paso, ya sea un paseo por el parque, un momento de reflexión o una pincelada en un lienzo, es un paso hacia reconocer y vivir con tu luto de una manera que fomenta la sanación y honra la memoria de tu mascota.

Este capítulo sirve como un recordatorio de las formas pequeñas pero significativas en las que puedes apoyarte a ti mismo durante los momentos difíciles después de la pérdida de tu mascota. Desde comprender la conexión vital entre la actividad física y la salud emocional hasta encontrar consuelo en las rutinas y las expresiones creativas que brindan confort, cada estrategia es una herramienta en tu kit emocional, ayudándote a navegar a través de tu duelo con cuidado y compasión.

A medida que avanzamos, ten en cuenta estos suaves enfoques de autocuidado, llevando contigo el conocimiento de que cada día ofrece nuevas oportunidades para la sanación y el recuerdo.

# EL PROCESO DE DUELO

Al adentrarte en el período posterior a la pérdida de una mascota querida, puedes encontrarte envuelto en una neblina de incredulidad y un silencio profundo; un silencio que habla más fuerte que las palabras, haciendo eco de la ausencia de una presencia que antes era vibrante en tu vida. Este capítulo está dedicado a guiarte a través de estos primeros días desorientadores después de tu pérdida, ofreciendo una mirada compasiva a través del cual ver tus reacciones, consejos prácticos para manejar las necesidades inmediatas y sugerencias suaves para comenzar a honrar la memoria de tu querido compañero. Aquí, no estás solo en tu camino a través del shock y la incredulidad; en cambio, tienes apoyo en cada paso mientras gestionas las fases del duelo.

## LOS PRIMEROS DÍAS: SHOCK E INCREDULIDAD

Reacciones inmediatas

En días iniciales posteriores a la pérdida de tu mascota, puede que te encuentres atrapado en un torbellino de shock e incredulidad. Esta respuesta es un mecanismo de protección natural, una forma en que tu sistema emocional amortigua el impacto de una pérdida repentina.

Podrías sorprenderte esperando escuchar sus pasos, verlo saludarte en la puerta o sentirlo acurrucarse a tu lado. Estos momentos, donde la realidad parece distorsionarse, son manifestaciones del shock; un estado en el que el corazón y la mente se niegan temporalmente a aceptar la naturaleza definitiva de lo ocurrido. Es importante que comprendas y normalices estos sentimientos; no significa que estés negando la realidad, sino que son parte de un proceso natural de asimilación de una pérdida profunda. No estás perdiendo tu cordura; estás procesando un dolor profundo de la única manera que tu mente sabe manejarlo.

Consideraciones prácticas

Cuando comienza la confusión emocional, hay asuntos prácticos que requieren atención, como el cuidado de los restos de tu mascota. Decidir si enterrar, cremar o elegir otro método de despedida puede ser abrumador. Es útil abordar estas decisiones considerando lo que se alinearía con el amor y el cuidado que siempre le has demostrado a tu mascota. Algunos encuentran consuelo en mantener a su mascota cerca en una urna o un jardín conmemorativo, mientras que otros pueden elegir la sepultura en un cementerio de mascotas que puedan visitar. Si tomar estas decisiones se siente más allá de tu capacidad en este momento, está bien pedir ayuda a familiares, amigos o a tu veterinario. Ellos pueden ofrecer apoyo y ayudar a manejar los arreglos de acuerdo con tus deseos y de una manera que honre la memoria de tu mascota.

Tormento emocional

El intenso tormento emocional de los primeros días puede sentirse abrumador. Las olas de dolor pueden llegar con una intensidad que pueden quitarte el aliento, y en estos momentos, es crucial que tengas estrategias para tranquilizarte. Actos sencillos como la respiración profunda, escuchar música relajante o envolverte en una manta acogedora pueden proporcionar un alivio inmediato, aunque temporal. Además, no dudes en buscar apoyo. Hablar con amigos que entienden tu vínculo con tu mascota, conectar con grupos de apoyo en línea o incluso buscar la ayuda de un experto en el duelo puede ofrecer consuelo y comprensión. Estos recursos pueden actuar como un salvavidas, recordándote que no estás solo y que tus sentimientos son válidos y comprendidos.

Recuerdo y homenaje

Crear un espacio para recordar y honrar a tu mascota desde el inicio puede ser una forma terapéutica de comenzar a procesar tu duelo. Esto podría implicar montar un pequeño monumento con sus fotos, collar, juguete favorito o incluso encender una vela diariamente en su memoria. Alternativamente, escribir un homenaje puede ser una forma poderosa de articular tus sentimientos y celebrar la vida de tu mascota. Esto podría ser tan simple como una carta expresando tu amor y las cosas que extrañarás, o unos recuerdos más elaborados que relatan los momentos alegres que compartieron. Estos actos de recuerdo sirven como un testimonio del vínculo que compartieron y pueden ser una parte profunda del proceso de sanación, anclándote al amor que le tienes a tu mascota mientras manejas el dolor de su pérdida.

Al adoptar estas estrategias y aceptar las emociones tumultuosas de los primeros días, das pasos esenciales hacia el reconocimiento y el honor tanto de tu duelo como de la vida de tu querida mascota. Recuerda que cada paso, por pequeño que sea, es parte de tu proceso para sanar, y un camino hacia honrar la conexión que compartiste con tu compañero.

## IRA Y NEGOCIACIÓN: SUPERANDO LAS EMOCIONES MÁS DIFÍCILES

Cuando te encuentras lidiando con la pérdida de tu querida mascota, no es raro que los sentimientos de ira afloren durante el torbellino de tristeza y confusión. Esta ira podría tomarte por sorpresa; puede dirigirse hacia ti mismo, hacia las circunstancias que rodearon el fallecimiento de tu mascota, o incluso hacia otras personas que no parecen comprender la profundidad de tu dolor. Es importante que reconozcas que la ira es una respuesta natural en el proceso de duelo, a menudo derivada de una sensación de injusticia o impotencia. La ausencia repentina de tu mascota puede dejar un vacío palpable, y la ira puede surgir como una reacción visceral a esta interrupción abrupta en tu vida. Entender que esta ira es una parte normal del duelo puede ayudarte a aceptar y procesar la emoción de manera más saludable. En lugar de suprimir estos sentimientos, reconocerlos como una respuesta válida a tu pérdida te permite comenzar a trabajar con ellos.

El proceso de negociación a menudo acompaña a la ira. Esta etapa involucra el tormentoso reino de los pensamientos de "¿qué hubiese pasado si?" y "si tan solo..." que rondan tu mente, reproduciendo escenarios donde los resultados son diferentes y tu mascota podría seguir a tu lado. La negociación es una forma de regatear con tu dolor, un intento de recuperar el control sobre algo que se siente tan incontrolablemente final. Puedes encontrarte pensando en momentos en que las cosas se podrían haber hecho de manera diferente, creyendo que estos cambios podrían haberte evitado a ti y a tu mascota este final. Es una etapa dolorosa, llena de culpa y arrepentimiento, pero comprender que también es una parte normal del duelo puede proporcionar algo de consuelo. Es la manera en que tu mente intenta darle sentido a la pérdida, encontrar una razón para la insensatez que a menudo acompaña a momentos de cambio tan profundos.

Es crucial encontrar salidas saludables para expresar y procesar la ira y la negociación. Canalizar estas emociones en actividades como la escritura, el arte o el ejercicio físico puede ser increíblemente terapéutico. La escritura podría implicar redactar cartas a tu mascota expresando la ira y las preguntas sin respuesta, o tal vez escribir un diario sobre tus sentimientos y los momentos que revives en tu mente. Esto puede ayudar a exteriorizar esos pensamientos y emociones, haciendo que sean más fáciles de manejar y trabajar. La expresión artística, ya sea a través de la pintura, la escultura o la música, te permite encapsular tus emociones en una forma que puede ser tanto personal como catártica. Las actividades físicas, particularmente aquellas que requieren concentración y esfuerzo, como el senderismo, correr o el yoga, también pueden proporcionar una salida saludable para tu energía, ayudando a despejar tu mente y aliviar el estrés.

Avanzar más allá de estas etapas de ira y negociación es fundamental en tu camino hacia la paz y la aceptación. Esto no significa que los sentimientos de injusticia o culpa desaparezcan por completo, sino más bien que comienzas a aceptarlos como parte de tu proceso de duelo. Integrar estas emociones en tu comprensión de la pérdida te permite seguir adelante. Una estrategia para superar la ira y la negociación es cambiar conscientemente tu enfoque hacia la gratitud. Reflexionar sobre el tiempo que tuviste con tu mascota, la alegría y la compañía que te brindaron, y las formas en que enriquecieron tu vida puede ayudar a equilibrar los sentimientos de ira y pérdida con los de amor y gratitud. Participar en actividades que honran su memoria, como crear un espacio conmemorativo o participar en eventos comunitarios en su nombre, también pueden proporcionar una sensación de conexión y propósito continuos. Estos actos de recuerdo y celebración ayudan a transformar la energía de tu duelo (algo que se siente agotador e insoportable) en un homenaje más suave y amoroso a la vida de tu mascota.

Avanzar después de estas emociones complejas no es lineal ni predecible, pero con cada pequeño paso para expresar, comprender e integrar estos sentimientos, logras un progreso significativo hacia la sanación. Recuerda, cada emoción, por difícil que sea, tiene un papel en tu historia mucho más amplia; de amor, pérdida y paz eventual.

## DEPRESIÓN: ENCONTRANDO LUZ AL FINAL DEL TÚNEL

La depresión es la fase que puede sentirse más pesada y asfixiante. Esto no es solo tristeza o un estado de ánimo fugaz; es un sentimiento de vacío más profundo, a menudo omnipresente, que puede filtrarse en cada rincón de tu vida. Reconocer esto como una parte natural del duelo es crucial, no solo para tu validación emocional, sino también para comprender cuándo podría estar deslizándose hacia algo más clínico. La depresión en este contexto puede manifestarse como una pérdida de interés en actividades que antes disfrutabas, un sentimiento persistente de tristeza que no parece desaparecer, o una fatiga que no solo reposa en tu cuerpo, sino también en tu espíritu. Podrías abstenerte de los contactos sociales, enfrentando dificultades para mantener las rutinas diarias o sintiendo una sensación de desesperanza sobre el futuro. Es importante delinear estos sentimientos de la depresión clínica, que a menudo es más duradera y penetrante, y que podría obstaculizar tu capacidad para funcionar en diferentes áreas de la vida. Si tus síntomas persisten sin alivio y comienzan a afectar tu funcionalidad general, busca ayuda profesional.

No se puede exagerar la importancia de buscar ayuda durante este tiempo. Ya sea en consultas profesionales, conectarte con grupos de apoyo o apoyarte en amigos y familiares, cada vía ofrece beneficios únicos que pueden ayudarte a navegar a través de la niebla del duelo. Los terapeutas profesionales especializados en duelo pueden proporcionar estrategias personalizadas que aborden tus necesidades específicas, ayudándote a comprender y procesar tus emociones en un entorno seguro y estructurado. Los grupos de apoyo ofrecen la comodidad de la comunidad; se trata de un grupo de personas que han vivido pérdidas similares, donde puedes compartir tus sentimientos sin miedo a ser juzgado y encontrar solidaridad en experiencias compartidas. Los amigos y la familia pueden ofrecer una comodidad más personal, proporcionando un hombro en el que apoyarse y un oído dispuesto a escuchar. Cada uno de estos apoyos actúa como un faro, guiándote a través de los días más oscuros y recordándote que no estás solo en tu camino.

Con el peso de la depresión, fomentar la autocompasión se convierte en una práctica esencial. Se trata de permitirte hacer el duelo a tu propio ritmo, sin apresurar el proceso ni regañarte por no ser "lo suficientemente fuerte". La autocompasión implica reconocer que la sanación no es lineal y que está bien tener días en los que sientes que has retrocedido. La paciencia contigo mismo, el reconocimiento de las pequeñas victorias y el establecimiento de expectativas realistas son facetas de esta práctica. También se trata de tratarte con la misma amabilidad y comprensión que le ofrecerías a un buen amigo en apuros. Esto podría significar reservar períodos durante el día para descansar y reflexionar, participar en prácticas suaves de autocuidado o simplemente darte permiso para sentir cualquier emoción que surja sin juzgarte.

Encontrar momentos de alegría y luz puede parecer un pensamiento lejano cuando estás profundamente deprimido por el duelo, pero estos momentos son chispas vitales que pueden iluminar gradualmente el camino hacia la sanación. A menudo se encuentran en placeres simples y rutinas familiares. Participar en actividades que te conectan con la naturaleza, como caminar por el parque, la jardinería o sentarte junto a un lago, puede ofrecer un telón de fondo relajante contra el cual puedes sentir, sanar y reflexionar. La naturaleza tiene un ritmo y una belleza que pueden ser reconfortantes en tiempos de confusión. Del mismo modo, retomar pasatiempos e intereses que te han brindado alegría en el pasado también puede servir como un recordatorio suave de los placeres que tiene la vida. Ya sea leer, pintar, cocinar o escuchar música, permítete reconectar con estas actividades sin ninguna presión para sentirte de cierta manera. Estos momentos de participación pueden sentirse como breves respiros, ayudando a aliviar la pesadez del duelo, aunque sea solo por un corto tiempo.

Superar la depresión después de la pérdida de una mascota es innegablemente desafiante, pero con las herramientas y el apoyo adecuados, es un túnel que puedes atravesar con esperanza. Recuerda, cada pequeño paso que das hacia el reconocimiento de tus sentimientos, la búsqueda de apoyo, la práctica de la autocompasión y la búsqueda de momentos de alegría es un avance hacia la recuperación de tu equilibrio y la búsqueda de la luz en la oscuridad.

## ACEPTACIÓN: ABRAZANDO LA NUEVA NORMALIDAD

La aceptación, en el contexto de perder a una mascota querida, no implica que el dolor de la pérdida haya terminado, o que los recuerdos de tu mascota ya no desaten emociones. Señala un punto en tu proceso de duelo donde la intensidad del dolor inicial se transforma en una fase más reflexiva e integradora. Esta etapa está marcada por una comprensión gradual y una eventual aceptación de la realidad de que tu mascota ya no está físicamente presente, pero que continúa viviendo en tus recuerdos y en el impacto que tuvo en tu vida. La aceptación te permite comenzar a mirar hacia adelante una vez más, encontrando formas de ajustarte a la vida sin tu mascota mientras sigues honrando el papel significativo que desempeñó.

En esta fase, crear un legado para tu mascota puede ser una acción profundamente sanadora. Este legado puede tomar muchas formas, dependiendo de lo que se sienta más apropiado para la relación que compartieron. Para algunos, implica establecer una beca a nombre de su mascota en una escuela veterinaria local, contribuyendo al futuro cuidado de los animales y a la educación de quienes los cuidarán. Para otros, podría significar iniciar un proyecto comunitario, como la limpieza de un parque o la construcción de un pequeño santuario donde las personas y las mascotas puedan disfrutar de tiempo juntos en un entorno que celebra el vínculo entre humanos y animales. Los actos de bondad y activismo llevan adelante el amor y el cuidado que tenías por tu mascota, transformando el duelo en resultados proactivos y positivos que benefician a otros.

Ajustarse a la vida diaria sin tu mascota implica establecer nuevas rutinas que ya no incluyen su presencia física, pero que honran el espacio que ocuparon en tu vida. Podría comenzar con cambios simples, como variar tu ruta de paseo si la anterior te trae demasiados recuerdos dolorosos, o reutilizar el tiempo que habrías pasado cuidando a tu mascota en hacer voluntariado para organizaciones de bienestar animal. También podría implicar adoptar nuevos rituales que ayuden a mantener viva la memoria de tu mascota y que sean parte de tu vida diaria, como encender una vela cada noche o guardar su juguete favorito en un lugar especial. Estas acciones ayudan a entrelazar el recuerdo de tu mascota en tu vida diaria, asegurando que su presencia se mantenga en una forma nueva, aunque diferente.

El concepto de vínculos continuos también puede ser reconfortante durante esta etapa de aceptación. Este modelo psicológico sugiere que seguir fomentando una conexión con un ser querido fallecido puede ser una parte saludable del duelo y la adaptación. Para los dueños de mascotas, esto podría implicar hablar con tu mascota como si todavía estuviera presente, imaginando sus respuestas basadas en la profunda comprensión que desarrollaste a lo largo de su vida. También podría incluir celebrar sus cumpleaños o días de adopción preparando su chuchería favorita o compartiendo historias sobre ellos con amigos y familiares. Estos homenajes mantienen viva e integrada la memoria de tu mascota en tu vida, reconociendo que el vínculo que compartieron no termina simplemente con la muerte, sino que se transforma en una nueva forma de conexión que continúa evolucionando y brindando consuelo.

## HONRANDO EL CICLO DEL DUELO: EL TIEMPO DE CADA PERSONA ES DIFERENTE

Es vital que entiendas que el duelo no se adhiere a un horario estricto o a un camino predecible, después de perder a tu mascota. La experiencia de pérdida de cada persona es profundamente personal, moldeada por relaciones únicas, experiencias pasadas y paisajes emocionales completamente individuales. Esta diversidad significa que no existe un plazo universal "correcto" para la sanación. Algunos pueden encontrarse avanzando a través de las etapas del duelo con una rapidez que sorprende, mientras que otros pueden sentir que su viaje a través del dolor es un proceso largo, con emociones que perduran y resurgen incluso cuando piensan que las han superado. Es importante que reconozcas que ambas experiencias son normales. No hay necesidad de juzgar duramente si tu duelo parece extenderse más que el de otros o si te encuentras reviviendo emociones que pensaste haber superado. Cada viaje a través del duelo es único, y el único ritmo correcto es el que se siente verdadero para tu proceso de sanación.

La naturaleza del duelo en sí misma es intrínsecamente cíclica, no una progresión lineal del dolor a la sanación. Puedes encontrar que ciertas fechas, lugares o incluso olores específicos pueden desencadenar inesperadamente un resurgimiento del duelo, volviéndote a hundir momentáneamente en la tristeza o la añoranza. Este patrón cíclico puede ser confuso y puede sentirse como una recaída, pero es una parte normal del proceso. Estos resurgimientos son un testimonio de la profundidad de tu vínculo con tu mascota y reflejan el profundo impacto que tuvo en tu vida. Abrazar esta naturaleza cíclica del duelo ayuda a comprender que sanar no se trata de llegar a un punto en el que ya no sientes la pérdida, sino más bien de desarrollar las herramientas emocionales para navegar las olas de sentimiento a medida que llegan. Se trata de aprender a equilibrar la alegría de tus recuerdos con la tristeza de tu pérdida, permitiendo que cada uno tenga su lugar en tu corazón.

Respetar tu proceso de duelo personal es crucial. Requiere honrar tus sentimientos sin prisa ni juicio, dándote el espacio para llorar de la manera que necesites. Esto podría significar reservar momentos en tu día para la reflexión o encontrar pequeñas rutinas que te ayuden a sentirte conectado con tu mascota. También significa ser paciente contigo mismo cuando las emociones afloran inesperadamente y comprender que estos momentos son parte del amor y recuerdo que compartiste con tu mascota. Darte permiso para sentir y sanar a tu tiempo ayuda a fomentar la resiliencia, ya que reconoce la complejidad de tus emociones y la realidad de tu pérdida.

Con el tiempo, desarrollar estrategias de afrontamiento a largo plazo se vuelve esencial para integrar la pérdida de tu mascota en tu vida. Esto podría implicar crear tradiciones duraderas que honren a tu mascota, como plantar un jardín o encargar una obra de arte que te recuerde a ella. También puede implicar prácticas más introspectivas, como la escritura o la meditación, donde puedes explorar y expresar tus sentimientos en un entorno de apoyo. Estas actividades hacen más que servir como salidas para tu duelo; ayudan a tejer la memoria de tu mascota en la historia de tu vida, permitiéndote llevar adelante su legado de maneras significativas. Además, estas prácticas pueden evolucionar y cambiar contigo, adaptándose a tus necesidades y circunstancias a medida que tu relación con tu duelo cambia con el tiempo. A medida que continúas creciendo y sanando, estas estrategias pueden ayudar a asegurar que los recuerdos de tu mascota, aunque teñidos de tristeza, también estén llenos de calidez y amor, reflejando el complejo y hermoso vínculo que compartieron.

## ENCONTRAR UN CIERRE: ¿ES REALMENTE POSIBLE?

En los momentos tranquilos después de perder a una mascota, el concepto de "cierre" a menudo sale a la luz, un término frecuentemente promocionado como la meta final del duelo. Sin embargo, la noción tradicional de cierre, donde las emociones se resuelven de forma ordenada y el libro del duelo se concluye, puede que no resuene con la experiencia de todas las personas. En lugar de ver el cierre como un punto final definitivo, a menudo es más útil considerarlo como el logro de un estado de paz o como una forma de aceptar la pérdida. Esta perspectiva reconoce que, si bien el dolor agudo del duelo puede disminuir, los recuerdos y el impacto de una mascota querida pueden seguir influyendo positivamente en tu vida.

La teoría de los Vínculos Continuos (Continuing Bonds) ofrece un punto de vista refrescante sobre esta conexión persistente. Este enfoque sugiere que mantener una relación continua con tu mascota fallecida a través de recuerdos y homenajes puede ser una parte saludable del duelo. Contrasta fuertemente con modelos más antiguos de duelo, que abogaban por el desapego y el seguir adelante como marcadores de un duelo exitoso. En cambio, los Vínculos Continuos abrazan la idea de que mantener viva la memoria de tu mascota, hablar de ella, imaginarla en la vida diaria o incluso ponerles un lugar en ocasiones especiales puede ser reconfortante. Esta relación interna puede ayudar a integrar la pérdida en tu vida, permitiéndote llevar adelante el amor y las lecciones aprendidas de tu mascota.

Crear un monumento duradero también puede servir como una forma de cierre que no significa olvidar, sino honrar y recordar. Esto podría ser tan tangible como plantar un árbol en el lugar favorito de tu mascota en el jardín, o tan personal como un álbum de fotos lleno de recuerdos de los momentos que pasaron juntos. Cada acto de conmemoración sirve como un puente entre tu pasado con tu mascota y tu futuro sin su presencia física, permitiéndote revivir los recuerdos con una sensación de paz en lugar de dolor punzante. Estos homenajes sirven como testamentos del amor compartido y del impacto que tu mascota tuvo en tu vida, ofreciendo consuelo y un punto físico para el recuerdo.

Aceptar que el duelo puede ser un viaje continuo marca un cambio significativo en la comprensión. Permite una visión más flexible y realista de la sanación emocional. El duelo puede disminuir en intensidad con el tiempo, pero esperar que desaparezca por completo podría generarte frustración. En cambio, reconocer que los momentos de tristeza, anhelo o recuerdo pueden aflorar periódicamente, especialmente durante etapas o ciertas épocas del año, puede prepararte para manejarlos con gracia. Estos momentos no son retrocesos, sino que son parte de un paisaje de sanación donde los recuerdos de tu mascota continúan desempeñando un papel significativo en tu vida.

Al cerrarse este capítulo, los puntos clave a recordar son la redefinición del cierre, el potencial terapéutico de mantener vínculos continuos, el papel reconfortante de los recuerdos y la aceptación del duelo como un viaje continuo. Cada elemento contribuye a una comprensión más amplia del duelo, una que se adapta a una variedad de experiencias y emociones. A medida que avanzas, recuerda que el camino del duelo es profundamente personal, y encontrar la paz es un proceso gradual enriquecido por los recuerdos y la presencia continua de tu querida mascota en tu vida.

Al pasar al siguiente capítulo, exploraremos cómo la comunidad y las experiencias compartidas pueden apoyar y enriquecer aún más tu viaje a través de la pérdida de una mascota, proporcionando nuevas perspectivas y comprensión compasiva de otras personas que han recorrido caminos similares.

# ESTRATEGIAS PRÁCTICAS DE AFRONTAMIENTO

En la calma después de la tormenta de emociones provocada por la pérdida de una mascota querida, encontrar un camino para seguir puede parecer desalentador. Puede que te sientas a la deriva, inseguro de cómo empezar a gestionar tu duelo. Las estrategias prácticas de afrontamiento, particularmente aquellas que implican la creación de homenajes y tributos, ofrecen una forma tangible de honrar la memoria de tu mascota, al tiempo que proporcionan un medio estructurado para procesar tus emociones. Este capítulo se enfoca en aprovechar el poder sanador de los homenajes y tributos, guiándote a través de la creación reflexiva de ceremonias y tributos físicos que reflejen el vínculo único que compartiste con tu mascota. Estos actos de recuerdo no solo sirven de consuelo durante los momentos de tristeza, sino también como una celebración de la vida y el amor que tú y tu mascota compartieron.

## APROVECHAR EL PODER DE LOS HOMENAJES Y TRIBUTOS

Crea homenajes significativos

La creación de homenajes personalizados puede ser una forma

profunda de canalizar tu duelo hacia acciones que honren la memoria de tu mascota. Estos homenajes pueden variar ampliamente, desde simples gestos diarios hasta ceremonias más elaboradas, dependiendo de lo que más resuene contigo. Un homenaje matutino podría implicar pasar unos momentos en el lugar favorito de tu mascota, como en el jardín, tal vez compartiendo tus pensamientos o leyendo en voz alta como si todavía estuviera a tu lado. Para homenajes más formales, considera una ceremonia anual de recuerdo en el aniversario del fallecimiento de tu mascota, invitando a amigos y familiares a compartir historias y celebrar la alegría que tu mascota trajo a sus vidas. La clave de estos homenajes es su significado personal; deben reflejar tu relación y las cosas que eran especiales de tu mascota. Por ejemplo, si a tu perro le encantaba la playa, una reunión anual a la orilla del mar para arrojar flores a las olas podría ser una hermosa manera de recordarlo. Estos homenajes ayudan a entrelazar la memoria de tu mascota con tu día a día, permitiéndote honrar su legado de una manera que se siente activa y continua.

Planificación de un funeral

Si eliges celebrar un funeral para tu mascota, planifica uno que capture la esencia de la personalidad de tu mascota y el vínculo que compartieron. Esto puede ser una parte catártica de tu proceso de duelo. Comienza seleccionando un lugar que tenga un significado especial, como su parque favorito o incluso tu jardín. Considera los elementos del acto, como lecturas, música o elogios, que mejor podrían reflejar el espíritu de tu mascota. Para un gato al que le encantaba holgazanear bajo el sol, una lectura sobre la alegría de los placeres sencillos podría ser apropiada, o para un perro, una canción alegre que te recuerde a su entusiasmo por la vida. Anima a los asistentes a compartir sus recuerdos, creando un libro de historias que celebren la vida de tu mascota desde múltiples perspectivas. Esta reunión no solo sirve como un tributo, sino también como una experiencia de sanación comunitaria, permitiendo que aquellos que conocieron a tu mascota encuentren consuelo en los recuerdos compartidos y el duelo colectivo.

El papel de los tributos

Los tributos físicos sirven como recuerdos perdurables a tu mascota, proporcionando un foco tangible para tus recuerdos y un lugar para conectar con las emociones de pérdida y amor. Plantar un árbol en su honor, por ejemplo, ofrece un tributo viviente que crece y cambia con las estaciones, simbolizando la naturaleza continua de tu amor. Alternativamente, una piedra de jardín con el nombre de tu mascota o una placa sencilla puede actuar como un recordatorio de su presencia en tu vida. Estos tributos pueden colocarse en un jardín, a lo largo de su camino favorito o en cualquier espacio que fuera significativo para ti y tu mascota. Sirven como espacios sagrados a donde puedes ir para recordar, reflexionar o simplemente para sentirte más cerca de tu mascota, proporcionando una encarnación física de los recuerdos que llevas en tu corazón.

Participación comunitaria

Involucrar a amigos, familiares y otras personas que conocieron a tu mascota en la creación de tributos o en el funeral puede amplificar el poder sanador de estos homenajes. Permite que aquellos que compartieron la vida de tu mascota contribuyan con sus propios recuerdos y apoyo, creando un recuerdo grupal que realce el impacto que tu mascota tuvo en la vida de otros. Ya sea ayudando a plantar un jardín conmemorativo o compartiendo historias durante un acto fúnebre, esta participación colectiva crea una red de apoyo que refuerza la importancia de tu pérdida al mismo tiempo que celebra la alegría que tu mascota trajo a múltiples vidas. Es un recordatorio de que, aunque tu duelo es profundamente personal, no estás solo en tus recuerdos ni en tu luto.

Al adoptar estas estrategias, no solo creas un legado de amor y recuerdo para tu mascota, sino también una guía para tu propio camino de sanación. Estos homenajes y tributos ofrecen formas para canalizar tu duelo en acciones que honran la vida de tu mascota, brindando consuelo y conexión durante tu tiempo de pérdida. A través de estos actos de recuerdo, continúas celebrando el vínculo que compartieron, encontrando consuelo en el conocimiento de que el amor, una vez entregado, permanece siendo una parte de nosotros; por siempre recordado, por siempre apreciado.

## EXPRESIÓN CREATIVA: DIARIOS, ARTE Y MÁS

Escribe un diario para liberar emociones

A medida que navegas por las olas de dolor que vienen con la pérdida de tu mascota, encontrar una salida segura para tus emociones es crucial. Escribir un diario se destaca como una poderosa herramienta para la liberación emocional, permitiéndote derramar tus sentimientos de una manera privada y sin filtros. Piensa en un diario como un espacio dedicado donde todo está permitido. Cada pensamiento, recuerdo y emoción que tienes sobre tu mascota puede expresarse aquí sin miedo a ser juzgado. Para empezar, podrías elegir un cuaderno que se sienta especial o reconfortante para ti, quizás uno con un diseño que te recuerde a tu mascota. En cuanto a qué escribir, las posibilidades son inmensas. Podrías empezar con lo básico de tu día, cómo te sentiste al despertar o qué momentos desencadenaron recuerdos de tu mascota. Para un enfoque más estructurado, considera frases de inicio como: "Hoy, extraño a...", "Recuerdo cuando...", o "Me siento perdido porque...". Estos iniciadores pueden ayudarte a acceder a tus sentimientos y pueden conducir a reflexiones más profundas. Con el tiempo, tu diario puede convertirse en un preciado baúl de recuerdos y un testimonio de tu proceso de sanación, proporcionando no solo una salida para tu duelo, sino también un registro de tu viaje a través de él.

Arte para sanar

El poder transformador del arte ofrece otra vía profunda para expresar el duelo y recordar a tu querida mascota. Ya sea que elijas pintar, hacer escultura o arte digital, cada medio te permite encapsular tus emociones y recuerdos en una forma que resuena con tu experiencia personal y sentido estético. Si pintas, podrías usar colores que transmitan el estado de ánimo de un recuerdo o momento particular compartido con tu mascota. La escultura podría implicar la creación de una pieza que simbolice tu relación o un aspecto de la personalidad de tu mascota que atesorabas. El arte digital ofrece la flexibilidad de combinar imágenes, texto y colores para crear un collage vibrante de tus recuerdos. Participar en estos esfuerzos artísticos te permite procesar tus sentimientos de una manera tangible, creando obras de arte que sirven tanto como tributo a tu mascota como una forma de catarsis emocional. Además, el acto de crear puede ser meditativo, proporcionando un enfoque que ayuda a calmar el caos del duelo, dándote una sensación de paz y logro en medio de la confusión de la pérdida.

El consuelo de la música

La capacidad que tiene la música para evocar emociones y recuerdos la convierte en una herramienta excepcionalmente efectiva para la sanación. Crear o compilar listas de reproducción que te recuerden a tu mascota puede ser una forma reconfortante de sentirte conectado a ella. Considera canciones que solían disfrutar juntos, o que te recuerden a momentos específicos en la vida de tu mascota. Alternativamente, podrías crear una lista de reproducción de música calmante o relajante para escuchar durante los momentos en que tu duelo se sienta abrumador. La música también puede incorporarse en funerales y homenajes, poniendo canciones que capturen la esencia de tu relación con tu mascota. Ya sea creando música activamente o seleccionando listas de reproducción, el acto de interactuar con la música proporciona una salida terapéutica para tus emociones, ayudando a calmar tu espíritu y a mantener viva la memoria de tu mascota en una forma melódica.

Manualidades y proyectos DIY

Para aquellos que encuentran consuelo en las actividades tangibles, participar en manualidades o proyectos DIY (hazlo tú mismo) puede ser una forma terapéutica de canalizar el duelo hacia la creatividad. Un álbum de recortes es una forma particularmente conmovedora de preservar recuerdos, permitiéndote compilar fotos, recuerdos y notas que reflejan el viaje con tu mascota. Cada página puede ser una historia o tema dedicado, decorado con colores y stickers que den vida a los recuerdos. Los proyectos de costura, como crear una almohada o una manta a partir de las viejas camas, juguetes o ropa de tu mascota, pueden transformar pertenencias preciadas en recuerdos reconfortantes. Del mismo modo, armar un álbum de fotos o crear una caja de recuerdos son proyectos que no solo ayudan a organizar los recuerdos, sino que también proporcionan un espacio físico conmemorativo. Estas actividades manuales no solo ayudan a distraer la mente del dolor de la pérdida, sino que también crean símbolos perdurables de amor y recuerdos, donde cada puntada, pegamento o foto es un testimonio del vínculo duradero que compartiste con tu mascota.

## El papel de los grupos de apoyo

Después de perder una mascota querida, el apoyo de aquellos que entienden tu pérdida puede ser invaluable. Encontrar el grupo de apoyo adecuado puede ofrecer no solo consuelo, sino también un sentido de comunidad que ayuda a mitigar la soledad que a menudo acompaña al duelo. Ya sea en línea o presencial, cada tipo de grupo tiene sus beneficios y consideraciones. Los grupos en línea brindan accesibilidad y anonimato, permitiéndote conectar con apoyo en cualquier momento desde la comodidad de tu casa, lo cual puede ser particularmente atractivo si te resulta difícil salir de casa durante tu período de luto. Estos foros a menudo albergan una amplia gama de experiencias y consejos, ofreciendo un vasto espectro de apoyo. Por otro lado, los grupos presenciales ofrecen un sentido tangible de conexión e inmediatez en las interacciones, lo cual puede ser muy reconfortante. La presencia física de otras personas que se identifican con tu pérdida puede hacer que el apoyo se sienta más inmediato y personal.

Al elegir un grupo de apoyo, considera la estructura y la facilitación del grupo. Los grupos dirigidos por profesionales, como terapeutas o veterinarios, a menudo proporcionan un enfoque estructurado para lidiar con el dolor. Estos facilitadores están capacitados para guiar las discusiones de una manera constructiva y respetuosa, asegurando que todos los miembros se sientan escuchados y apoyados. También pueden ofrecer consejos expertos sobre el proceso de duelo, ayudándote a comprender y manejar tus emociones de manera más efectiva. Además, estos líderes pueden ayudar a mantener el enfoque del grupo, desviando las conversaciones de temas potencialmente desencadenantes y asegurando que el ambiente siga siendo de apoyo y beneficioso para todos los miembros.

Compartir tu historia en un grupo de apoyo, escuchar las experiencias de otros y darte cuenta de que no estás solo con tus sentimientos puede ser increíblemente sanador. A menudo es en estas narrativas compartidas donde encuentras consejos sobre estrategias de afrontamiento que funcionaron para otros, perspectivas sobre el proceso de duelo y, a veces, amistades duraderas con personas que entienden exactamente por lo que estás pasando. El aspecto comunitario de estos grupos refuerza la comprensión de que el duelo es una emoción universal, aunque experimentada individualmente, y que el apoyo está disponible, haciendo que la carga del dolor se sienta más ligera al ser compartida entre compañeros.

Si encuentras que los grupos disponibles no satisfacen tus necesidades o si estás buscando un tipo de apoyo más específico, considera iniciar tu propio grupo. Esta puede ser una forma gratificante de retribuir y encontrar propósito tras tu pérdida, mientras que también adaptas el apoyo para satisfacer necesidades específicas que quizás no se aborden en otros grupos. Comienza por identificar el enfoque del grupo, ya sea para un tipo particular de mascota, método de pérdida o grupo demográfico de dueños de mascotas. Comunícate a través de veterinarios locales, tiendas de mascotas o plataformas en línea para encontrar miembros. Establecer normas y metas claras para el grupo desde el inicio puede ayudar a asegurar que el grupo proporcione un espacio de apoyo y respeto para todos los miembros. Decide si quieres liderar el grupo tú mismo o co-facilitarlo con otro miembro o profesional. A medida que tu grupo crezca, la sabiduría y el apoyo colectivos pueden convertirse en una poderosa herramienta para ayudar a cada miembro a navegar su camino de duelo.

Participar en grupos de apoyo, ya sea como miembro o como líder, brinda una oportunidad única para conectar con otros que pueden identificarse con tu pérdida de manera profunda y personal. Esta conexión se convierte en un puente sobre las aguas turbulentas del duelo, ofreciéndote a ti y a otros un pasaje hacia la sanación, la comprensión y, finalmente, la paz.

## BIENESTAR FÍSICO: UN CAMINO HACIA LA SALUD EMOCIONAL

Es fácil pasar por alto la profunda conexión entre nuestra salud física y nuestro bienestar emocional después de la turbulencia emocional de perder una mascota querida. Durante esos momentos, realizar actividad física puede servir como una salida emocional crucial, ofreciendo un respiro de los ciclos del duelo. El ejercicio físico, desde una caminata rápida hasta deportes más organizados, estimula la producción de endorfinas, los neurotransmisores del cerebro que generan bienestar. Este levantamiento natural del ánimo es un alivio bienvenido cuando estás lidiando con la tristeza y la pérdida. Además, el ritmo y la rutina de la actividad física proporcionan una estructura que puede ser reconfortante cuando gran parte de la vida se siente impredecible y caótica. Ya sea un trote diario que despeje tu mente o una sesión de yoga que te ayude a sentirte centrado, el simple acto de mover tu cuerpo puede ayudar a mitigar la intensidad del duelo, proporcionando no solo distracción, sino una forma proactiva de cultivar tu salud mental. El ejercicio regular también ayuda a mejorar los patrones de sueño y reducir la ansiedad, que a menudo se ven interrumpidos por el estrés del luto. La clave es elegir actividades que disfrutes y que se sientan rejuvenecedoras en lugar de obligatorias, permitiendo que el ejercicio sea una fuente de consuelo y fuerza durante tu proceso de sanación.

Los efectos sanadores de pasar tiempo en la naturaleza no pueden subestimarse, especialmente al lidiar con el dolor emocional. La naturaleza, con su belleza inherente y tranquilidad, ofrece un entorno único para el consuelo y la reflexión. Actividades como caminar por un parque, hacer senderismo o simplemente sentarse junto a un lago permiten una comunión con el mundo natural que puede ser profundamente reconfortante. Estos momentos que pasas bajo el cielo abierto, rodeado de las vistas y sonidos de la naturaleza, proporcionan una perspectiva que puede ser tanto terrenal como edificante. La inmensidad de la naturaleza puede hacer que el dolor personal se sienta un poco más pequeño, más manejable y parte de un ciclo más grande de vida y renovación. Además, estar en la naturaleza no solo reduce los sentimientos de estrés e ira, sino que también mejora el bienestar físico, reduciendo la presión arterial y la tensión muscular. Esta sinergia de alivio físico y emocional hace que pasar tiempo al aire libre sea un componente vital del proceso de sanación. Ya sea un momento tranquilo escuchando el susurro de las hojas o una vigorosa caminata cuesta arriba, cada paso en la naturaleza es un paso hacia la recuperación de tu equilibrio emocional.

Mantener una nutrición equilibrada durante los momentos de duelo es otro aspecto fundamental para apoyar tu bienestar general. El duelo puede alterar los patrones de alimentación normales, llevando a comer poco, comer en exceso o a una indiferencia hacia la comida. Sin embargo, los alimentos que consumes juegan un papel crítico en cómo te sientes tanto física como emocionalmente. Los alimentos ricos en nutrientes pueden impulsar la función cerebral y mejorar el estado de ánimo, mientras que una dieta pobre puede exacerbar los sentimientos de letargo y depresión. Es importante que intentes mantener una dieta equilibrada, rica en frutas, verduras, proteínas magras y granos integrales, que pueden ayudar a estabilizar tu estado de ánimo y niveles de energía. La hidratación es igualmente crucial, ya que la deshidratación puede causar o empeorar los síntomas de fatiga e irritabilidad. Si te resulta difícil preparar comidas, considera opciones sencillas pero nutritivas como batidos o ensaladas que requieran un tiempo mínimo de preparación. Alternativamente, podrías cocinar comidas grandes cuando te sientas con ánimo y congelar porciones para los días en que cocinar parezca demasiado desalentador. Recuerda, cuidar tu cuerpo al proporcionarle alimentos nutritivos es una forma de autocuidado que apoya la recuperación emocional.

Incorporar prácticas restaurativas como el yoga, la meditación o el tai chi también puede desempeñar un papel significativo en el manejo del estrés relacionado con el duelo y en la promoción de la paz interior. Estas prácticas se centran en la conexión entre la mente, el cuerpo y la respiración, ayudando a aliviar la tensión y la ansiedad. El yoga, por ejemplo, combina posturas físicas con ejercicios de respiración y meditación, convirtiéndola en una excelente herramienta para reducir el estrés emocional y mejorar la salud física. La meditación ofrece una manera de aquietar la mente, proporcionando un descanso del ciclo constante de pensamientos relacionados con el duelo. Incluso unos pocos minutos de meditación pueden marcar una diferencia significativa en cómo te sientes, ayudando a restaurar una sensación de calma y control. El tai chi, a menudo descrito como meditación en movimiento, es otra forma suave de ayudar a mantener el cuerpo en movimiento y enfocado mientras fomenta un estado de relajación y equilibrio. Participar regularmente en estas prácticas puede proporcionar un valioso drenaje emocional y una sensación de estabilidad serena durante la confusión de la pérdida, guiándote suavemente hacia un lugar de paz y aceptación.

## BUSCAR AYUDA PROFESIONAL: CUÁNDO Y CÓMO

Cuando las aguas profundas del duelo emergen tras la pérdida de una mascota querida, llega un punto en el que puedes sentir que tus mecanismos habituales de afrontamiento no son suficientes y que el peso de tu tristeza parece demasiado pesado para soportarlo solo. Reconocer cuándo es el momento de buscar ayuda profesional es un paso crucial, no solo para manejar tu duelo, sino también para asegurar tu bienestar general durante este momento tan desafiante. Es importante que estés consciente de las señales que indican que tu duelo ha pasado a una forma más compleja, que potencialmente obstaculiza tu funcionamiento diario y calidad de vida. Estas señales pueden incluir tristeza o depresión persistente que no parece mejorar con el tiempo, pensamientos intrusivos sobre la muerte de tu mascota que te impiden concentrarte en otros aspectos de tu vida, o sentimientos de culpa o inutilidad que son difíciles de eliminar. Si tu duelo se siente como una sombra constante que oscurece cada parte de tu día, o si te encuentras abandonando relaciones y actividades que antes disfrutabas, estos podrían ser indicadores de que la ayuda profesional podría ser beneficiosa.

Encontrar un terapeuta que se especialice en duelo o pérdida de mascotas puede proporcionarte el apoyo y la orientación necesarios para navegar tus emociones de manera más efectiva. Si quieres conseguir al terapeuta adecuado, puedes comenzar pidiendo recomendaciones a tu proveedor de atención primaria o a amigos que hayan tenido experiencias positivas con terapia. Muchos terapeutas enumeran sus especialidades en sus sitios web o perfiles en línea, lo que facilita encontrar a alguien con experiencia en consejería de duelo. Es importante que consideres el enfoque del terapeuta y te asegures de que se alinee con tus necesidades; algunos terapeutas podrían usar técnicas cognitivo-conductuales para ayudarte a manejar pensamientos intrusivos, mientras que otros podrían centrarse en proporcionar un espacio para que expreses y proceses tus emociones libremente. No dudes en contactar a posibles terapeutas para una conversación preliminar para medir tu nivel de comodidad con ellos y preguntar específicamente sobre su experiencia con la pérdida de mascotas. Este contacto inicial puede proporcionar información sobre si su enfoque y actitud son adecuados para ti.

Modalidades terapéuticas

Explorar diferentes modalidades terapéuticas también puede mejorar tu comprensión de lo que podría funcionar mejor para ti en el manejo de tu duelo. La terapia cognitivo-conductual (TCC) es un enfoque ampliamente utilizado que se centra en identificar y cambiar patrones de pensamiento negativos que pueden contribuir a la angustia emocional. Para alguien que está de luto por una mascota, la TCC puede ser útil para abordar sentimientos de culpa o arrepentimiento al reformular cómo percibes los eventos que rodearon la muerte de tu mascota. La terapia artística ofrece un enfoque diferente, utilizando la expresión creativa como un medio para explorar y transmitir tus sentimientos. Esto puede ser particularmente beneficioso si la expresión verbal te resulta desafiante o si te conectas profundamente con formas de comunicación visuales o táctiles. La terapia de grupo es otra opción que reúne a individuos que están experimentando tipos similares de duelo, proporcionando un entorno colectivo donde pueden compartir experiencias y apoyarse mutuamente bajo la guía de un facilitador profesional.

Seguro y accesibilidad

Obtener seguro y accesibilidad al buscar terapia a veces puede sentirse desalentador, pero comprender tus opciones puede hacer que este proceso sea más fluido. Muchos planes de seguro ofrecen cobertura para servicios de salud mental, por lo que revisar los detalles de tu póliza o comunicarte con tu proveedor de seguros puede ayudarte a comprender qué tipos de terapia y qué terapeutas están cubiertos bajo tu plan. Si la cobertura de seguro no está disponible o si los costos son prohibitivos, considera buscar terapeutas que ofrezcan tarifas asequibles, lo que hace que la terapia sea más accesible. Además, muchos terapeutas ahora ofrecen sesiones en línea, lo que puede ser una opción conveniente si tienes problemas de transporte o si prefieres la comodidad de recibir terapia en tu propia casa. Estas plataformas en línea a menudo brindan el mismo nivel de apoyo profesional, pero con mayor flexibilidad y, a veces, a un costo menor.

Reconocer la necesidad de ayuda, encontrar al terapeuta adecuado y explorar diversas modalidades terapéuticas, son pasos importantes para cuidarte durante un momento profundamente difícil. Cada paso hacia adelante es un avance hacia la sanación, honrando tu vínculo con tu mascota mientras aseguras tu propio bienestar emocional y psicológico. Mientras consideras estas opciones, recuerda que buscar ayuda es una señal de fortaleza y un paso proactivo para cuidarte a ti mismo, tal como cuidaste a tu querida mascota.

## EL PODER SANADOR DE LA NATURALEZA: CAMINATAS, JARDINES Y TRIBUTOS AL AIRE LIBRE

El consuelo que ofrece la naturaleza puede ser profundamente terapéutico, especialmente al lidiar con la pérdida de una mascota querida. Integrar la naturaleza en tu proceso de sanación no solo proporciona un telón de fondo sereno para la reflexión, sino que también ayuda a mantener una conexión con la esencia de tu mascota, que probablemente disfrutó de sus propios momentos bajo el cielo. Las caminatas regulares en entornos naturales, por ejemplo, pueden convertirse en costumbres meditativas en sí mismas. Estas caminatas te permiten alejarte de la rutina de la vida diaria y sumergirte en los efectos calmantes de la naturaleza. Ya sea un sendero tranquilo a través de un parque local o un camino más complicado en la montaña, cada paso ofrece un momento para reflexionar sobre tus recuerdos y el tiempo que pasaste con tu mascota. El ritmo de la caminata, junto con la experiencia sensorial de la naturaleza; el sonido de las hojas al moverse, la vista de los pájaros volando o el olor de la tierra después de la lluvia, puede ser increíblemente reconfortante, aportando una sensación de paz y continuidad cuando te sientes abrumado por el dolor de la pérdida.

Crear un jardín de homenaje es otra forma significativa de canalizar tu duelo hacia un proyecto que honre la memoria de tu mascota. Este jardín puede ser un espacio dedicado donde plantes flores, arbustos o incluso un árbol que te recuerde a tu mascota o simbolice su espíritu. Para una mascota a la que le encantaba tomar el sol, plantas amantes del sol como la lavanda o los girasoles podrían ser apropiadas. Alternativamente, un jardín de sombra tranquilo puede ser adecuado para una mascota que disfrutaba holgazaneando en lugares frescos y silenciosos. A medida que diseñas y cuidas el jardín, cada elección y acción puede infundirse con significado personal, convirtiendo el acto de la jardinería en un tributo viviente. Con el tiempo, el jardín crecerá y evolucionará, ofreciendo una metáfora viva del proceso de sanación y recordándote que con cuidado y tiempo, un nuevo crecimiento y belleza pueden surgir del dolor.

Explorar diferentes tipos de tributos al aire libre también puede proporcionar formas duraderas de recordar a tu mascota. Estos homenajes pueden variar desde placas en bancos en parques públicos donde pudieron haber disfrutado de paseos juntos, hasta árboles dedicados en jardines comunitarios o incluso estatuas hechas a medida. Cada uno de estos tributos sirve no solo como un homenaje a tu mascota, sino también como un marcador permanente de su vida y la alegría que trajo a la tuya. Crean un espacio físico donde los recuerdos pueden ser revividos y compartidos con otros que podrían detenerse a leer una placa o admirar una hermosa obra de arte. Estos homenajes pueden convertirse en lugares de reflexión y conexión, no solo para ti sino para la comunidad en general, mejorando el espacio comunitario con historias de amor y compañía.

Por último, participar en actividades como la observación de aves o la jardinería puede proporcionar no solo una distracción del duelo, sino también una nueva vía para la alegría y la realización. La observación de aves, por ejemplo, requiere paciencia y silencio, lo que ayuda a calmar una mente inquieta y a llevar la atención a la belleza del momento presente. La jardinería, ya sea en un jardín de homenaje personal o en espacios públicos, ofrece un sentido de propósito y logro, así como los beneficios físicos de cuidar las plantas. Ambas actividades recurren a los aspectos sanadores de la naturaleza, permitiendo momentos de paz y una apreciación renovada por los ciclos de la vida y el crecimiento.

Las caminatas para reflexionar, la creación de un jardín de homenaje, el establecimiento de tributos al aire libre, la jardinería y el tiempo con la naturaleza proporcionan caminos hacia una sanación que es enriquecida por el mundo natural. Ofrecen oportunidades para recordar y honrar a tu mascota en un entorno que habla de la belleza y la continuidad de la vida, ayudándote a navegar tu duelo con una sensación de paz y esperanza de renovación.

En este capítulo, exploramos el poder terapéutico de la naturaleza y su papel en el proceso de sanación después de la pérdida de una mascota. Desde la soledad reflexiva de las caminatas y la expresión creativa de diseñar jardines de homenaje, hasta el establecimiento de tributos duraderos al aire libre, cada elemento ofrece una forma única de afrontar el duelo mientras se honra la memoria de un querido compañero. Estas actividades no solo brindan consuelo, sino que también fomentan una conexión con el mundo natural, recordándonos el ciclo perdurable de la vida y el crecimiento. A medida que pasamos al próximo capítulo, continuaremos explorando estrategias adicionales que apoyan la sanación y el recuerdo, cada paso guiado por el amor y los recuerdos que tenemos por nuestras mascotas.

# APOYAR EL LUTO DE OTROS

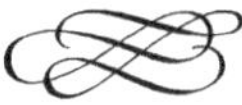

A medida que la calma se asienta después de la tormenta de perder a un compañero querido, tu propio corazón comenzará a encontrar un ritmo en la nueva normalidad. Sin embargo, puede que descubras que otros, particularmente los niños pequeños, podrían estar luchando con sus propias batallas. Apoyar a otros a través de su pérdida, especialmente a los niños, requiere un toque suave, un oído paciente y un corazón listo para comprender el duelo desde su perspectiva. En este capítulo, exploramos cómo ayudar a los miembros más jóvenes de tu familia a entender y expresar su tristeza, asegurando que reciban el apoyo que necesitan durante un momento tan vulnerable.

## HABLAR CON LOS NIÑOS SOBRE LA PÉRDIDA DE UNA MASCOTA: UN ENFOQUE DELICADO

Explicaciones apropiadas para la edad

Al explicar la pérdida de una mascota a niños, es imperativo que adaptes tu enfoque a su nivel de comprensión emocional, asegurando que la explicación sea honesta y sensible a su etapa de desarrollo. Los niños pequeños a menudo tienen una comprensión limitada de la muerte, viéndola como algo temporal o reversible, un concepto similar a los personajes de dibujos animados que se levantan después de una caída. Explicar la muerte como una parte natural y permanente de la vida es crucial, pero debe hacerse con cuidado para evitar causar miedo innecesario. Usando un lenguaje simple y claro, podrías decir: "¿Recuerdas que [Nombre de la mascota] estaba muy viejo/enfermo? Anoche, murió. Esto significa que su cuerpo dejó de funcionar y no volverá. Pero podemos mantenerlo en nuestros corazones a través de nuestros recuerdos". Esta explicación se centra en que la mascota ya no sufre y enfatiza la continuidad del recuerdo, lo cual puede ser reconfortante para un niño.

Fomenta la expresión

Los niños, al igual que los adultos, necesitan expresar su duelo, pero puede que no siempre tengan las palabras para hacerlo. Animarlos a expresar sus sentimientos sobre su mascota perdida puede tomar varias formas, dependiendo de la edad e intereses del niño. Dibujar, escribir historias o jugar pueden ser terapéuticos. Por ejemplo, proporcionar materiales de arte y sugerirles que dibujen su recuerdo favorito con su mascota les permite procesar sus sentimientos a través de la creatividad. Para los niños mayores, escribir una carta a su mascota expresando sus sentimientos o redactar una historia sobre sus aventuras juntos puede ser una forma significativa de afrontar la pérdida. Estas actividades proporcionan una salida física para sus emociones y pueden ayudar a los niños a dar sentido a su pérdida.

Costumbres para niños

Involucrar a los niños en costumbres o crear nuevas puede ayudarlos a decir adiós y comenzar a sanar. Una costumbre sencilla y apta para niños podría implicar encender una vela diariamente, permitiéndoles decir unas pocas palabras sobre su mascota, o incluso solo sentarse en silencio por unos momentos. Otra idea podría ser crear una caja de recuerdos donde puedan guardar fotos, juguetes u otros recuerdos de su mascota. Estas costumbres proporcionan una estructura dentro de la cual los niños pueden expresar sus emociones y aceptar su pérdida, ofreciendo una sensación de continuidad y seguridad en un momento en que pueden sentirse particularmente vulnerables.

Apoya a través del cambio

La pérdida de una mascota puede alterar el sentido de estabilidad de un niño, haciendo crucial el mantenimiento de las rutinas diarias. Mantener las comidas, la hora de acostarse y otras rutinas diarias lo más consistentes posible puede proporcionar una sensación de normalidad. También es importante ofrecer tranquilidad adicional durante este tiempo, ya que los niños pueden sentirse más ansiosos o inseguros acerca de otros cambios que ocurren a su alrededor. Reafirmar tu presencia y disponibilidad, haciéndoles saber que está bien hacer preguntas o expresar sus sentimientos en cualquier momento, les ayuda a sentirse apoyados y comprendidos. Este apoyo constante ayuda a mitigar el miedo a una pérdida mayor, reconstruyendo gradualmente su sentido de seguridad y normalidad después de la agitación causada por la muerte de su mascota.

Al guiar a los niños a través del duelo por la pérdida de una mascota, la compasión, paciencia y comprensión que demuestras no solo les ayudan a sanar, sino que también les enseñan a lidiar con otros desafíos que inevitablemente enfrentarán en la vida. A través de estas conversaciones, expresiones y costumbres, los niños aprenden que el duelo, si bien es profundamente doloroso, es una respuesta normal a la pérdida y que son apoyados a través de su tristeza. Esta base de comprensión y apertura en torno al tema de la pérdida y el duelo es un regalo profundo que les ayuda a crecer y convertirse en adultos empáticos, conscientes de sus emociones y capaces de apoyar a otros en sus momentos de necesidad. Mientras navegas por este delicado proceso, recuerda que tu papel es guiar y apoyar, permitiendo que el niño lidere el camino en su proceso de duelo, asegurando que sea un viaje de reconocer sus sentimientos y de ayuda a su crecimiento emocional.

## APOYAR A TU PAREJA A TRAVÉS DE LA PÉRDIDA DE UNA MASCOTA

Cuando tú y tu pareja enfrentan la pérdida de una mascota querida, las olas de duelo pueden barrer a cada uno de ustedes de manera diferente, a veces uniéndolos en el dolor compartido, otras veces aislándolos en experiencias de pérdida únicas y personales. Reconocer y respetar estas diferencias en el duelo es crucial a medida que navegan juntos por este momento desafiante. Es importante que entiendas que no hay una forma correcta o incorrecta de sentirse después de la pérdida de una mascota, y lo que brinda consuelo a una persona puede no ser lo mismo para la otra. Tu pareja podría encontrar consuelo al hablar de la mascota, recordando la alegría que trajo a sus vidas, mientras que tú podrías preferir la reflexión tranquila. La comunicación abierta se convierte en tu aliado más fuerte aquí. Fomenta las discusiones sobre sus sentimientos y necesidades, y prepárense para escuchar sin juzgar ni interrumpir. Este tipo de diálogo puede ayudarte a comprender dónde se encuentra tu pareja en su proceso de duelo y mostrarle que no está sola en sus sentimientos. También abre un espacio para expresar lo que ambos podrían necesitar el uno del otro durante este tiempo, ya sea más espacio personal o más actividades compartidas para honrar la memoria de su mascota.

Crear un espacio compartido para recordar y celebrar a su mascota puede ser una hermosa manera de unir los procesos individuales de duelo y fomentar un sentido de apoyo y comprensión mutuos. Una forma de hacerlo es compilando un álbum de fotos juntos. Esta actividad les permite a ambos revisitar recuerdos preciados, siendo cada foto una historia, una sonrisa compartida o una lágrima. A medida que organizan el álbum, anímense mutuamente a compartir historias o momentos asociados con cada imagen. Esta puede ser una forma poderosa de revivir los momentos felices que pasaron con su mascota y reforzar la alegría que su mascota trajo a sus vidas. Además, consideren crear un pequeño espacio dedicado en su casa con fotos de su mascota, sus juguetes favoritos o incluso una vela.

Este santuario compartido no solo honra a su mascota, sino que también crea un espacio físico y un tributo para facilitar una conexión duradera con su mascota y entre ustedes.

Brindar apoyo emocional a una pareja en duelo implica un delicado equilibrio entre la presencia y la paciencia. Se trata de estar ahí, escuchar de verdad y reconocer su dolor sin intentar "arreglarlo". La escucha activa es la clave para la comprensión, sin necesidad de respuesta. Permite que tu pareja exprese sus sentimientos sin miedo a ser juzgada. Reconoce su dolor con respuestas que afirmen sus sentimientos, como "Es comprensible sentirse así" o "Lamento mucho que estemos pasando por esto". Evita los clichés como "Ahora están en un lugar mejor", que a veces pueden invalidar el dolor muy real de la pérdida. En su lugar, concéntrate en respuestas empáticas que validen sus sentimientos y fomenten que compartan más. También es útil reconocer cuándo ofrecer distracciones o actividades, como dar un paseo o ver una película favorita juntos, lo que puede proporcionar un respiro temporal del duelo.

Apoyar el autocuidado mutuo es otro aspecto vital de manejar la pérdida de una mascota juntos. Es fácil descuidar el bienestar personal durante los momentos de duelo, pero mantener la salud física y emocional es crucial para la resiliencia personal y mutua. Anímense mutuamente a participar en actividades de autocuidado, ya sea con un hobby, haciendo ejercicio o simplemente tomándose tiempo para descansar y reflexionar. Sean proactivos en apoyar la salud del otro planificando comidas nutritivas juntos o recordándose mutuamente que se mantengan hidratados y descansados. Recuerda, cuidar de tu propio bienestar te permite ser un mejor apoyo para tu pareja. Además, consideren asistir juntos a un grupo de apoyo para pérdida de mascotas, o buscar asesoría si el duelo se siente abrumador. Estos recursos pueden proporcionar apoyo tanto individual como conjunto, ofreciendo estrategias para manejar el duelo y ayudando a fortalecer su relación durante este momento difícil.

Compartir tus sentimientos con tu pareja puede profundizar su comprensión de los paisajes emocionales del otro y mejorar su capacidad para apoyarse mutuamente a través de los desafíos de la vida. Al fomentar la comunicación abierta, crear espacios compartidos para el recuerdo, ofrecer apoyo empático y priorizar el autocuidado mutuo, construyen un vínculo más fuerte y resistente que honra el amor que compartieron con su mascota y entre ustedes.

## AYUDAR A TUS AMIGOS A PROCESAR EL DUELO Y HONRAR LA MEMORIA DE SUS MASCOTAS

Cuando un amigo experimenta la pérdida de una mascota, la intensidad de su duelo puede ser profunda y palpable, haciendo eco de la pérdida de un querido miembro de la familia. En estos momentos, el apoyo que reciben de amigos como tú puede convertirse en factor crucial para su proceso de sanación. Ofrecer apoyo práctico comienza por comprender las necesidades inmediatas que tu amigo podría enfrentar tras el fallecimiento de su mascota. Esto podría abarcar desde ayudar con la logística de citas con el veterinario o servicios de cremación hasta gestionar las tareas más mundanas, pero abrumadoras, como las tareas domésticas o la preparación de comidas. Simplemente estar presente, ya sea para una llamada telefónica para compartir recuerdos o una noche tranquila juntos, puede proporcionar un consuelo inmenso. A veces, solo sentarte con tu amigo, reconociendo su dolor sin la presión de llenar el silencio, puede ser el apoyo más poderoso que ofrezcas.

Dando un paso más, contribuir a un fondo de homenaje o hacer una donación a una organización benéfica de animales a nombre de la mascota de tu amigo también puede ser un gesto conmovedor que honra la vida de la mascota mientras apoyas una causa que ayuda a otros animales. Tales acciones no solo muestran un profundo respeto por el vínculo que tu amigo compartió con su mascota, sino que también ayudan a crear un legado que se extiende más allá de su duelo. Estas contribuciones pueden ir acompañadas de una tarjeta de pésame o un mensaje de afecto, expresando tu comprensión y solidaridad en su momento de pérdida. Son estos gestos considerados los que a menudo resuenan profundamente, proporcionando un testimonio tangible de la vida y el amor compartidos entre tu amigo y su mascota.

Mantenerse conectado con tu amigo en las semanas y meses posteriores a su pérdida es crucial. Es importante recordar que el duelo no tiene un cronograma fijo y puede disminuir y fluir de manera impredecible. Enviar un mensaje de texto, hacer una llamada o programar visitas puede mantenerte atento a su proceso de sanación, permitiéndote ofrecer apoyo según sea necesario. Estos "seguimientos" son vitales no solo para brindar compañía, sino también para observar cualquier señal de que tu amigo podría estar luchando para afrontar la situación, posiblemente necesitando un apoyo más estructurado o incluso ayuda profesional. Es durante estas conversaciones y visitas continuas que puedes recordarle suavemente a tu amigo el cuidado y el apoyo disponibles para él, reforzando que no está solo para obtener control sobre su duelo.

Compartir el recuerdo de la mascota de tu amigo ofrece otra capa de apoyo, ayudando a celebrar la vida de su mascota y la alegría que le trajo a todos. Si se planea un servicio de homenaje, asistir e incluso participar, si es apropiado, puede ser profundamente solidario. Compartir recuerdos o fotos durante el servicio, o simplemente estar allí para escuchar las historias de otros, puede ayudar a tu amigo a sentir un apoyo comunitario que podría aliviar la agudeza de su dolor. Para amigos que quizás no organicen servicios formales, crear oportunidades informales para recordar a su mascota, como una pequeña reunión en su parque favorito o compilar un álbum de fotos de recuerdos felices, puede ser igualmente reconfortante. Estos actos de recuerdo compartido no solo honran a la mascota, sino que también fortalecen el vínculo entre tú y tu amigo, tejido por recuerdos compartidos y apoyo mutuo durante los momentos de pérdida.

Desde la ayuda práctica en los días inmediatamente posteriores a la pérdida hasta el apoyo emocional continuo y el recuerdo compartido, tu papel como amigo es fundamental. Proporcionas una red de cuidado que ayuda a tu amigo no solo a lamentar su pérdida, sino también a celebrar la vida de su querida mascota, haciendo que el viaje a través del duelo sea un poco menos solitario. A través de gestos reflexivos, presencia constante y recuerdos compartidos, ayudas a crear las bases de apoyo que honran la memoria de una mascota querida y muestra un profundo respeto por la pérdida de tu amigo.

## HOMENAJES COMUNITARIOS Y PRÁCTICAS COMPARTIDAS DE SANACIÓN EMOCIONAL

Tras el fallecimiento de una mascota, el corazón colectivo de una comunidad a menudo busca expresarse, buscando formas de rendir homenaje y compartir la carga del duelo. Los eventos de homenaje comunitarios son un testimonio conmovedor de esta necesidad, proporcionando un espacio estructurado donde las personas pueden reunirse para recordar y celebrar la vida de las mascotas que han amado y perdido. Estos eventos pueden variar ampliamente en su formato, desde ceremonias formales en parques locales o cementerios de mascotas hasta reuniones más informales en centros comunitarios o incluso casas. El componente clave es el aspecto comunitario de las personas que se reúnen, atraídas por experiencias compartidas de amor y pérdida, apoyándose mutuamente en su duelo. Por ejemplo, organizar un evento comunitario donde las personas puedan traer fotos u objetos que pertenecieron a sus mascotas, compartir historias o incluso participar en una liberación de globos o linternas biodegradables puede ser increíblemente emotivo. Tales eventos no solo brindan una sensación de cierre para aquellos en duelo, sino que también refuerzan los lazos dentro de la comunidad, haciéndola más fuerte y empática.

Las costumbres compartidas de sanación fomentan aún más este sentido de apoyo comunitario, ofreciendo actividades estructuradas que ayudan a las personas a procesar su duelo mientras refuerzan los lazos comunitarios. Por ejemplo, las caminatas grupales en honor a las mascotas perdidas pueden ser poderosas. Estas caminatas, quizás a través de un parque local o un lugar muy querido, permiten a los participantes moverse físicamente a través de su duelo juntos, rodeados por la influencia tranquilizadora de la naturaleza. De manera similar, organizar vigilias con velas donde las personas puedan reunirse al anochecer, encender una vela y compartir un momento de silencio o unas pocas palabras sobre su mascota crea un espacio sagrado compartido de recuerdo y reflexión. Estas costumbres no solo brindan consuelo, sino también un sentido palpable de apoyo comunitario, que puede ser crucial para aquellos que de otra forma podrían sentirse aislados en su duelo. El acto de caminar juntos o compartir la luz de las velas se convierte en un viaje simbólico a través del duelo, compartido con otros que entienden la profundidad de la pérdida.

El auge de las plataformas digitales ha transformado significativamente la forma en que las comunidades pueden reunirse en el luto. Los tributos en línea y las redes sociales juegan un papel cada vez más vital en la creación de espacios virtuales donde personas de todo el mundo pueden compartir su duelo y apoyarse mutuamente. Los homenajes en plataformas de redes sociales, las vigilias virtuales con velas o incluso los servicios de homenaje transmitidos en vivo permiten que aquellos que no pueden estar físicamente presentes participen en el proceso de duelo. Estos espacios digitales ofrecen ventajas únicas, como la capacidad de conectarse con otros sin importar las fronteras geográficas, y la oportunidad de apoyo continuo. Publicar un tributo fotográfico de una mascota querida o compartir un recuerdo particularmente atesorado puede generar respuestas de apoyo de una comunidad global, brindando consuelo y solidaridad. Además, estas plataformas a menudo albergan grupos especializados centrados en la pérdida de mascotas, donde los recursos, las historias personales y las palabras de aliento se comparten a diario, ayudando a las personas a sentirse menos solas en su tristeza.

Construir o encontrar una comunidad de apoyo es esencial para tu recuperación después de la pérdida de una mascota. Se trata de reconocer que si bien el dolor de la pérdida es personal, la experiencia del duelo puede mitigarse con el apoyo de otros. Comienza por contactar a veterinarios locales, tiendas de mascotas o refugios de animales para preguntar sobre grupos de apoyo existentes o eventos comunitarios centrados en la pérdida de mascotas. Si no existe ninguno, considera tomar la iniciativa de comenzar uno. Los centros comunitarios a menudo ofrecen espacio para tales reuniones, y crear volantes o publicaciones en redes sociales puede ayudar a correr la voz. Sé claro sobre el propósito del grupo: compartir recuerdos, apoyarse mutuamente y quizás participar en proyectos comunitarios como crear un jardín de homenaje u organizar eventos anuales de recuerdo. Tales esfuerzos no solo ayudan en la sanación personal, sino que también contribuyen a construir una comunidad compasiva y comprensiva que reconoce la importancia de la pérdida de mascotas y ofrece una red de apoyo para aquellos de luto. A través de estas experiencias compartidas y la comprensión mutua, el proceso de sanación se convierte en un esfuerzo colectivo que crea, fortalece y enriquece una comunidad con empatía y conexión humana compartida.

## MASCOTAS EN DUELO POR OTRAS MASCOTAS: RECONOCER Y APOYAR SU PROCESO DE DUELO

Cuando una mascota querida fallece, el vacío que deja lo sienten no solo los miembros humanos de la familia, sino a menudo también sus compañeros animales. Reconocer y apoyar el duelo experimentado por las mascotas sobrevivientes es un aspecto crucial para manejar el entorno de sanación general de tu hogar. Las mascotas, al igual que los humanos, pueden mostrar signos de duelo que pueden afectar su comportamiento y bienestar general. Cambios en el comportamiento, como una disminución del interés en el juego, distanciamiento o alteración de los patrones de alimentación y sueño, pueden ser indicadores de que una mascota está luchando con la pérdida de su compañero. Estas señales pueden variar ampliamente entre animales, al igual que en las personas, dependiendo de sus personalidades únicas y el vínculo que compartieron con su amigo fallecido. Es importante que tú, como dueño de la mascota, te mantengas atento a estos cambios y comprendas que reflejan una respuesta natural a la pérdida.

Apoyar a las mascotas en duelo implica varias estrategias compasivas que pueden ayudarlas a ajustarse a la pérdida mientras mantienen su salud y felicidad. Mantener las rutinas es fundamental;

los horarios consistentes de alimentación, paseos y hora de acostarse pueden ayudar a proporcionar un sentido de estructura y seguridad para tu otra mascota durante un momento confuso. Esta regularidad les dice que a pesar de los cambios, su vida diaria seguirá teniendo cierta familiaridad. Además, ofrecer atención y afecto extra puede ayudar a asegurarles tu amor y presencia. Gestos simples como sesiones de mimos más largas, aseo suave o simplemente sentarse tranquilamente juntos pueden consolar significativamente a una mascota en duelo. También es beneficioso introducir nuevas actividades que puedan ayudar a distraerlas de su duelo y estimular su mente y cuerpo. Esto podría ser juguetes nuevos, alimentadores de rompecabezas que los desafíen o aventuras a nuevos parques para nuevas vistas y olores. Estas actividades no solo ayudan a involucrar sus sentidos, sino que también fomentan oportunidades para crecer el vínculo entre tú y tu mascota, fortaleciendo su conexión durante este período compartido de ajuste.

La decisión de introducir una nueva mascota en el hogar después de tal pérdida es significativa y debe abordarse con una consideración cuidadosa del bienestar de todos los animales involucrados. La elección del momento es crucial; introducir una nueva mascota demasiado pronto puede confundir o estresar a tu mascota sobreviviente, complicando su proceso de duelo. Generalmente es prudente permitir que pase algún tiempo para que el comportamiento de tu mascota vuelva a los niveles normales y para que tu familia se ajuste a las nuevas dinámicas antes de traer otra mascota. Cuando sientas que el momento podría ser el adecuado, considera el temperamento de tu mascota sobreviviente y las reacciones pasadas a nuevos animales. Algunas mascotas pueden ser más receptivas a compañeros de diferentes especies o animales más jóvenes, mientras que otras pueden preferir un compañero similar en edad y nivel de energía. Al introducir una nueva mascota, hazlo gradualmente y en entornos controlados para asegurar que ambos animales puedan ajustarse cómodamente el uno al otro sin un estrés abrumador.

Involucrar a las mascotas sobrevivientes en actividades de homenaje también puede ser un proceso reconfortante tanto para ti como para tu mascota. Esto podría incluir permitirles estar presentes durante los servicios de homenaje en casa o visitar lugares que fueron significativos para tu mascota fallecida. Algunos dueños de mascotas encuentran consuelo en permitir que sus mascotas olfateen una urna u otros tributos, proporcionando una sensación de cierre y comprensión de que su amigo se ha ido y es recordado con amor. Compartir este espacio de duelo y recuerdo con tu mascota refuerza su importancia en tu vida y reconoce su papel en la familia, ayudando a fortalecer el vínculo y el sistema de apoyo dentro de tu hogar durante este tiempo de ajuste mutuo.

Reconocer y apoyar el duelo de tus mascotas sobrevivientes no solo ayuda en su sanación, sino que también profundiza tu relación con ellas, destacando la profunda interconexión entre todos los miembros de una familia, tanto humanos como animales. Al permanecer atento y receptivo a sus necesidades, brindando consuelo y gradualmente introduciendo nuevas formas para que encuentren alegría y compañía, fomentas un entorno donde la sanación y el amor pueden seguir floreciendo.

## CREAR UN ENTORNO DE APOYO PARA DUEÑOS DE MASCOTAS EN DUELO

Tras el fallecimiento de una mascota, elaborar un entorno de apoyo puede influir profundamente en el proceso de duelo, no solo para ti, sino para todos los que sienten la pérdida a tu alrededor. La comunicación abierta es el factor clave de dicho entorno. Se trata de crear un espacio donde los sentimientos y los recuerdos puedan expresarse libremente, sin miedo al juicio. Esta apertura permite a las personas compartir su duelo, encontrar un terreno común en sus experiencias y apoyarse mutuamente de maneras que son genuinamente empáticas y útiles. Para fomentar este tipo de comunicación, es beneficioso dar el ejemplo compartiendo tus propios sentimientos y recuerdos sobre la mascota. Esto puede alentar a otros a abrirse y puede conducir a una comprensión compartida más profunda de la pérdida, haciendo del proceso de duelo una experiencia colectiva e inclusiva.

Educar a quienes te rodean sobre la profundidad del duelo asociado con la pérdida de una mascota también es crucial. Muchas personas pueden no darse cuenta de lo profunda que puede ser la pérdida de una mascota, y podrían hacer comentarios o tomar decisiones inadvertidas que pueden parecer desconsideradas. Tomarte el tiempo para explicar el vínculo que compartiste con tu mascota y el impacto de su pérdida puede ayudar a otros a comprender tu duelo y a ofrecer un apoyo más sensible y apropiado. Esta educación no se trata solo de corregir malentendidos, sino de fomentar una empatía más profunda que pueda fortalecer las relaciones y construir una comunidad más compasiva. Podrías considerar compartir artículos, libros u otros recursos que articulen las complejidades del duelo por la pérdida de mascotas, o incluso invitarlos a asistir a una reunión de grupo de apoyo contigo, brindando una visión de primera mano de cómo afecta este luto también a otros.

Experimentar este duelo en el lugar de trabajo presenta su propio conjunto de desafíos y consideraciones. El entorno profesional a menudo enfatiza la productividad y la eficiencia, lo que puede hacer que expresar el duelo parezca inapropiado o poco profesional. Sin embargo, comunicar tus necesidades a tu empleador y compañeros de trabajo puede ayudar a manejar estos desafíos. Considera solicitar una reunión con tu departamento de Recursos Humanos para discutir posibles ajustes, como horarios flexibles o la opción de trabajar desde casa temporalmente. Ser abierto sobre tu pérdida también puede informar a tus compañeros de trabajo sobre tu estado actual, permitiéndoles ofrecer apoyo o al menos comprender un cambio en tu comportamiento o rendimiento.

Es útil articular formas específicas en que pueden apoyarte, ya sea necesitando un poco más de paciencia en ciertos días o asistencia con la gestión de la carga de trabajo. Este tipo de comunicación ayuda a prevenir malentendidos y construye un entorno de trabajo de apoyo donde puedes estar de luto sin el estrés adicional de conflictos o presiones laborales. No se puede subestimar la importancia de buscar y ofrecer apoyo en momentos de duelo. Por un lado, buscar activamente apoyo puede proporcionarte de recursos y el consuelo que necesitas para navegar a través de tu duelo. Esto podría implicar contactar a amigos, familiares o profesionales que puedan ofrecer empatía y orientación. Por otro lado, ofrecer apoyo a otros que están de duelo también puede ser terapéutico. Puede proporcionar un sentido de propósito y conexión, reforzando tus propias estrategias de afrontamiento y ayudándote a procesar tu duelo a través del acto de ayudar a otros.

Crear una red recíproca de cuidado enriquece el entorno de apoyo, convirtiéndolo en un espacio dinámico de comprensión y ayuda mutua. Esta red no solo ayuda a hacer frente a la pérdida de una mascota; fortalece los lazos comunitarios y fomenta una cultura de empatía y apoyo que puede extenderse más allá del duelo inmediato.

Crear un entorno de apoyo para dueños de mascotas en duelo implica comunicación abierta, educación, estrategias laborales reflexivas y una fuerte red de apoyo mutuo. Estos elementos se combinan para formar un telón de compasión contra el cual la pérdida puede experimentarse y procesarse, no en aislamiento, sino dentro de una comunidad que comprende y comparte la carga del duelo. A medida que este capítulo se integra en la narrativa más amplia de la pérdida de mascotas, se destaca la importancia del apoyo colectivo en la sanación y el papel significativo que cada persona puede desempeñar en la creación de un espacio donde el duelo sea respetado y compartido.

Al concluir este capítulo, hemos explorado varias formas de apoyarnos no solo a nosotros mismos, sino también a quienes nos rodean en momentos de duelo. Desde fomentar la comunicación abierta hasta educar a otros, gestionar proactivamente la dinámica laboral hasta construir redes de apoyo. Estas estrategias son cruciales para cultivar un entorno donde el duelo pueda expresarse y manejarse de manera saludable. A medida que hacemos la transición al próximo capítulo, profundizaremos en los viajes personales y colectivos de sanación, continuando construyendo sobre las bases de apoyo y comprensión establecidas aquí.

## AYÚDANOS A DIFUNDIR EL MENSAJE

*"Una de las cosas más importantes que puedes hacer en esta tierra es hacerles saber a las personas que no están solas." - Shannon L. Alder*

Las mascotas nos brindan demasiadas cosas maravillosas. Consuelo, apoyo, compañía y amor incondicional; la única expectativa de nuestras mascotas es que se les alimente, se les refugie y se les ame. Tu viaje de sanación ha comenzado.

**Ahora te pregunto...** ¿Qué hacemos con la familia, el hombre, la mujer, el niño o la niña que todavía está luchando con la pérdida de una mascota y compañero querido? ¿Qué pasaría si te dijera que puedes ayudarles a dar sus primeros pasos hacia el viaje que tú ya has emprendido?

Nuestra intención con **Guía para superar la pérdida de tu mascota: Supera tu duelo, inicia tu recuperación emocional y rinde un homenaje inolvidable a tu mascota** es simple... Ayudar a otros dueños de mascotas a superar la tristeza, el duelo y el dolor sufrido tras la pérdida de una mascota y amigo muy querido.

**El siguiente paso es tuyo.** Te pido humildemente que compartas lo que has aprendido leyendo este libro. ¡Tu voz puede y ayudará a otros a encontrar paz y consuelo!

Te invito a que te tomes unos momentos para escribir una reseña de este libro. Comparte lo que has aprendido y haz tu parte para ayudar a otros a encontrar su camino a seguir después de perder a sus mascotas.

Solo unas pocas frases pueden marcar la diferencia entre el dolor y el consuelo. Tu reseña podría ser algo como...

...una guía sincera para sanar después de la pérdida de una mascota

...una lectura obligada para dueños de mascotas

...un compañero compasivo

...un faro de esperanza durante un momento desafiante

¿Listo para marcar la diferencia? Simplemente escanea el código QR a continuación...

# RENDIR HOMENAJE
# A TU MASCOTA

La pérdida de una mascota deja un hueco profundo y sensible en nuestras vidas, un espacio que alguna vez estuvo lleno del suave golpeteo de patas y la presencia tierna y reconfortante de una criatura que no pedía nada más que amor a cambio de su lealtad incondicional. A medida que navegamos a través de los ecos de su ausencia, crear un servicio de homenaje puede ser un testimonio importante y conmovedor del papel irremplazable que desempeñaron en nuestras vidas. Este capítulo está dedicado a guiarte a través del sincero proceso de planificar un servicio y una ceremonia de homenaje que no solo honre la memoria de tu mascota, sino que también ofrezca un espacio para el luto y la sanación colectiva.

## PREPARAR UN HOMENAJE PERSONALIZADO

Planificación de detalles

Cuando piensas en un servicio de homenaje que realmente refleje el espíritu de tu querido compañero, cada detalle cuenta. Comienza con la elección de una ubicación que resuene con significado personal, como el parque favorito donde paseabas a tu perro todas las mañanas, o tu propio patio trasero donde a tu gato le encantaba holgazanear bajo el sol de la tarde. La familiaridad del entorno puede evocar una sensación de cercanía y continuidad, haciendo que el servicio se sienta más íntimo y sincero. Seleccionar elementos que reflejen la vida de tu mascota enriquece la ceremonia, transformándola en una celebración vibrante de sus rasgos únicos y la alegría que trajo a tu vida. Considera incorporar su manta o juguete favorito, o quizás montar una exhibición de fotografías que capturen momentos clave de su vida. Cada elemento debe hablar de la esencia de tu mascota, creando una narrativa de su vida con la que los invitados puedan conectar y recordar.

Involucra a seres queridos

El poder de un proceso de luto comunitario no puede subestimarse. Invitar a amigos, familiares e incluso a las mascotas sobrevivientes a participar en el servicio de homenaje puede enriquecer significativamente la experiencia. La presencia de cada individuo añade una capa de amor y memoria compartida que es a la vez reconfortante y sanadora. Anima a los asistentes a compartir sus propias historias o anécdotas sobre tu mascota, quizás a través de palabras habladas, notas escritas o pequeños gestos simbólicos. Estos recuerdos compartidos pueden pintar una imagen multifacética de la vida de tu mascota, celebrada a través de las voces de aquellos que los conocieron en diferentes capacidades. Este recuerdo colectivo no solo ayuda a aliviar el peso del duelo, sino que también destaca el impacto generalizado que tuvo tu mascota en múltiples vidas, reafirmando su significado y preciada presencia.

Actividades del servicio de homenaje

Las actividades durante el servicio pueden variar ampliamente, dependiendo de lo que se sienta más apropiado para honrar la memoria de tu mascota. Podrías incluir un momento de silencio, dando a todos la oportunidad de reflexionar sobre sus recuerdos y la pérdida que sienten. Alternativamente, leer poemas o pasajes que resuenen con tus sentimientos, o poner música que fue significativa para ti y tu mascota, puede evocar emociones y recuerdos compartidos. Estos actos de expresión colectiva no solo ayudan en la sanación personal, sino que también crean un espacio compartido de resonancia emocional que puede ser profundamente reconfortante para todos los presentes.

Crea una cápsula de recuerdos

Introducir la idea de una cápsula de recuerdos puede proporcionar una forma tangible para que los asistentes contribuyan al homenaje. Esta cápsula podría ser una hermosa caja o contenedor donde los invitados puedan dejar notas escritas, fotos o pequeños recuerdos relacionados con tu mascota. El acto de colocar estos artículos en la cápsula es simbólico, una forma para que cada persona ofrezca una parte de su recuerdo y relación con tu mascota. Una vez sellada, la cápsula se puede guardar en un lugar especial de tu casa, enterrarse bajo un árbol recién plantado en tu jardín o en otro lugar significativo. Abrir esta cápsula años más tarde puede servir como un hermoso recordatorio de la vida de tu mascota y los recuerdos compartidos por amigos y familiares, ofreciendo un tributo duradero que continúa honrando el legado de tu mascota con el tiempo.

Al elaborar un servicio de homenaje personalizado, creas no solo una despedida a un amigo querido, sino una celebración de su vida y la alegría que compartió con todos a su alrededor. Es un proceso que, si bien está inmerso en la tristeza, también brinda una sensación de cierre y sanación comunitaria, permitiéndote a ti y a otros recordar y honrar a tu mascota de una manera profundamente personal y significativa.

## RECUERDOS Y MEMORABILIA: RECUERDOS TANGIBLES

Crear recuerdos y artículos conmemorativos te permite aferrarte a la esencia física de tu mascota, transformando elementos cotidianos de su vida en símbolos duraderos de amor y recuerdo. La selección de recuerdos a menudo comienza al considerar qué captura mejor la esencia de tu mascota. Quizás sea una huella de pata fundida en arcilla, que preserve los pequeños detalles de su impresión única, o un mechón de pelo, que mantenga suavemente el color y la textura que te encantaba acariciar. Las joyas personalizadas también pueden ofrecer una conexión discreta pero constante con tu mascota, como un collar que incorpore sus cenizas o una pulsera grabada con su nombre. Al elegir estos recuerdos, piensa en lo que te resultaría más reconfortante tener cerca, algo que al verlo o tocarlo te traiga recuerdos cálidos y amorosos. Son estos pequeños artefactos físicos los que a menudo pueden brindar el mayor consuelo en los días en que la ausencia de tu mascota se siente particularmente profunda.

Mostrar los artículos conmemorativos en tu casa sirve no solo como un recordatorio personal de tu mascota, sino también como una forma de mantener viva su memoria en tu entorno diario. Crear un espacio dedicado en tu casa para estos artículos puede servir como una especie de santuario, un lugar físico donde los recuerdos y la presencia se sienten concentrados. Considera colocar un pequeño estante o una esquina de una habitación con las fotografías de tu mascota, sus juguetes favoritos y otros artículos conmemorativos. Organiza estos artículos de una manera que sea visualmente agradable y emocionalmente reconfortante. Algunas personas eligen crear una exhibición más formal, como una caja de sombra o una vitrina, donde los artículos se conservan y se organizan con cuidado. Esto no solo mantiene los recuerdos organizados, sino que también convierte la exhibición en una obra de arte, un punto focal en una habitación que invita a la reminiscencia y la reflexión.

Compartir estos recuerdos y artículos conmemorativos con otros que conocieron y amaron a tu mascota puede ser una experiencia de vínculo profundo. Permite que aquellos que compartieron la vida de tu mascota recuerden y celebren esa vida juntos. Podrías optar por compartir historias sobre cada artículo, tal vez durante reuniones u ocasiones especiales, explicando el significado detrás de cada elemento. Por ejemplo, compartir la historia de un collar navideño que tu mascota usaba cada Navidad puede evocar risas compartidas y recuerdos entrañables. Este acto de compartir no solo mantiene vivo el espíritu de tu mascota, sino que también fortalece las conexiones entre aquellos que comparten el duelo y la celebración de la vida de tu mascota.

Los proyectos de legado ofrecen una forma creativa y duradera de compilar estos recuerdos y destacar el impacto de tu mascota en tu vida. Crear un álbum de fotos o un video de homenaje son formas populares de capturar y organizar cronológicamente los momentos que compartiste con tu mascota. Estos proyectos pueden ser profundamente terapéuticos de crear, ya que te permiten sumergirte en los recuerdos felices y el papel significativo que desempeñó tu mascota en tu vida. Los álbumes de fotos pueden variar desde simples álbumes impresos hasta piezas elaboradamente diseñadas, completas con subtítulos y citas que reflejen tus sentimientos o compartan historias sobre las fotos. Los videos pueden incluir clips de tu mascota en sus momentos más felices, acompañados de música que calme o eleve el ánimo. El proceso de creación de estos proyectos de legado no solo proporciona una salida terapéutica para el duelo, sino que también da como resultado un hermoso homenaje a tu mascota, un recuerdo que se puede revisar y compartir durante años, asegurando que el amor y la alegría que trajo a tu vida nunca se olviden.

## PLANTAR UN JARDÍN DE HOMENAJE: EL CRECIMIENTO QUE SURGE DE LA PÉRDIDA

Crear un jardín de homenaje para tu querida mascota ofrece una forma nutritiva de canalizar tu duelo hacia algo hermoso que crece y florece con el tiempo, al igual que el amor que compartiste con tu mascota. El proceso de elegir la ubicación adecuada para este jardín implica una consideración cuidadosa de varios factores para asegurar que el espacio no sea solo un tributo, sino también un santuario personal donde puedas reflexionar y encontrar paz. Comienza por considerar la visibilidad del jardín. Podrías preferir un rincón tranquilo y apartado de tu patio donde puedas sentirte cerca de tu mascota en privado. Alternativamente, elegir un área más central puede hacer que el jardín sea parte de tu vida diaria, un recordatorio constante de la presencia de tu mascota en tu vida. La accesibilidad también es crucial, especialmente si planeas pasar tiempo significativo en el jardín. Asegúrate de que sea fácilmente accesible, tal vez con un camino que sea lo suficientemente suave para caminar incluso en momentos de profunda contemplación o en días en que el duelo se sienta más pesado.

Seleccionar plantas para el jardín puede ser una elección profundamente personal, cada planta puede mantener un significado que evoca la memoria de tu mascota. Podrías elegir plantas que florezcan alrededor de la época del año en que nació o falleció tu mascota, ofreciendo un marcador natural de esas fechas significativas. Considera también plantas que atraigan la vida silvestre, quizás atrayendo a las mariposas o pájaros que a tu mascota le pudo haber gustado observar. La inclusión de tales plantas convierte tu jardín en un espacio animado y vibrante, lleno de vida y un recordatorio de los ciclos del mundo natural, lo que puede ser reconfortante. Para las mascotas que tenían olores favoritos o les encantaba mordisquear ciertas hierbas, incluirlas puede hacer que el espacio se sienta más conectado con sus preferencias, personalizándolo aún más.

Incorporar elementos de homenaje físicos en tu jardín puede aumentar su significado, convirtiéndolo en un paisaje de memoria. Las piedras grabadas con el nombre de tu mascota o una cita significativa se pueden colocar a lo largo del camino o entre las flores, sirviendo como recordatorios de las lecciones y el amor que tu mascota trajo a tu vida. Las esculturas o las obras de arte que reflejan la personalidad o especie de tu mascota también pueden añadir un toque único, personalizando el espacio aún más. Considera, por ejemplo, una pequeña estatua de un gato descansando al sol, o una campana de viento personalizada que canta con la brisa, evocando la presencia de tu mascota en una forma que involucra los sentidos. Estos elementos invitan no solo a la reflexión, sino a la interacción, haciendo del jardín un tributo dinámico que involucra el corazón y el alma.

El jardín debe servir en última instancia como un espacio de sanación, un lugar donde la belleza del mundo natural calma el dolor de la pérdida y fomenta la paz. Con el tiempo, cuidar el jardín puede convertirse en una práctica meditativa, siendo cada acto de cuidado una forma de nutrir los recuerdos de tu mascota. A medida que las plantas crecen, florecen y cambian con las estaciones, reflejan el proceso de duelo y sanación, recordándote que con el tiempo, la belleza puede surgir de la tristeza. Este espacio se convierte en un testimonio del ciclo de la vida, el crecimiento y la renovación, ofreciendo un recordatorio reconfortante de que el amor, al igual que el jardín, requiere paciencia, cuidado y tiempo para florecer. Aquí, en el susurro tranquilo de las hojas y los serenos patrones de crecimiento y descanso, puedes encontrar una conexión viva con tu mascota, un espacio donde los recuerdos son cuidados y apreciados en la danza continua de la vida y la pérdida.

## RECUERDO DIGITAL: HOMENAJES Y TRIBUTOS EN LÍNEA

En una era en la que las conexiones digitales a menudo reflejan nuestras conexiones físicas, el Internet ofrece formas únicas y sinceras de recordar a las mascotas que han fallecido. Crear homenajes en línea proporciona un espacio donde los recuerdos pueden perdurar y ser accesibles desde cualquier lugar, en cualquier momento, permitiendo que amigos y familiares, sin importar su ubicación, participen en el proceso de duelo y homenaje. Varias plataformas y sitios web se especializan en la creación de estos tributos digitales, que van desde sitios dedicados a homenajes de mascotas hasta plataformas más generalizadas que permiten tributos personales. En estos sitios, puedes crear un perfil hermoso y personalizado para tu mascota que incluya fotos, videos e historias de sus momentos preciados juntos. También puedes alentar a otros a contribuir con sus recuerdos y mensajes de amor, creando un rico tapiz de experiencias compartidas que celebran la vida de tu mascota. Este compartir colectivo puede ser increíblemente reconfortante, sabiendo que el impacto de tu mascota en el mundo es reconocido y apreciado por otros.

Las plataformas de redes sociales también desempeñan un papel significativo en cómo compartimos y conmemoramos la vida de nuestras mascotas. Estas redes pueden servir como herramientas poderosas para expresar el duelo y celebrar la vida. Compartir fotos e historias de tu mascota puede generar apoyo y comprensión de tu comunidad de redes sociales, muchos de los cuales pueden haber compartido la vida de tu mascota a lo largo de los años. Sin embargo, abordar las redes sociales durante un momento de duelo requiere un sentido de equilibrio y respeto por tus sentimientos y por aquellos que podrían estar interactuando con tus publicaciones. Es útil compartir recuerdos que inviten a la interacción, como pedirles a otros que compartan sus propias historias de mascotas que han amado y perdido, o pedir consejo sobre cómo afrontar el duelo. Estas interacciones pueden fomentar un sentido de comunidad y sanación colectiva, haciendo que el vasto espacio digital se sienta un poco más cálido y personal.

Los servicios de homenaje virtuales han surgido como una forma profunda de salvar distancias físicas, permitiendo que amigos y familiares de todo el mundo se reúnan y honren la memoria de una mascota. Estos servicios se pueden transmitir en vivo a través de plataformas que admiten el intercambio de videos y pueden incluir muchos de los elementos tradicionales de un servicio de homenaje físico, como discursos, historias compartidas y momentos de silencio. Los participantes también pueden contribuir digitalmente, quizás a través de un álbum de fotos compartido en línea o un montaje de video colaborativo que celebre la vida de la mascota. Este formato no solo democratiza el proceso de duelo, permitiendo que cualquiera, en cualquier lugar, participe, sino que también se adapta a la necesidad moderna de flexibilidad y accesibilidad en cómo conmemoramos a nuestros seres queridos.

Involucrarse continuamente con los homenajes en línea puede mantener la memoria de tu mascota viva y vibrante. Las actualizaciones regulares, como publicar en fechas significativas como el aniversario de la adopción o el fallecimiento de tu mascota, pueden ayudar a mantener una conexión con la mascota y proporcionar consuelo continuo a ti y a otros que compartieron la vida de tu mascota. Estas publicaciones pueden servir como recordatorios del impacto duradero de tu mascota y el amor incondicional que ofrecieron, asegurando que su memoria continúe brindando sonrisas y consuelo a medida que pasa el tiempo. Este compromiso continuo no solo mantiene fresca la memoria de tu mascota, sino que también reafirma el significado duradero del vínculo que compartieron, subrayando que, aunque se hayan ido, nunca son olvidados.

## ESCRIBIR LA HISTORIA DE TU MASCOTA: UN LEGADO DE AMOR

El acto de escribir la historia de tu mascota es mucho más que un simple recuento de eventos; es un esfuerzo terapéutico que inmortaliza sus peculiaridades, personalidad y los momentos preciosos que compartieron. Esta narrativa, tejida a partir de tus recuerdos y emociones, no solo sirve como un recuerdo personal, sino también como un puente para conectar con otros que entienden la profundidad de tu apego y pérdida. Escribir sobre tu mascota te permite capturar la esencia de su ser: la inclinación de su cabeza, sus travesuras juguetonas o el consuelo encontrado en su compañía tranquila. A medida que comienzas a plasmar las palabras, podrías encontrar que lo que comienza como un recuento de hechos se transforma en un viaje emocional que celebra su vida y te ayuda a navegar tu duelo.

Guía para escribir

Embarcarse en escribir la historia de tu mascota puede parecer intimidante al principio. Podrías preguntarte por dónde empezar o cómo estructurar tal narrativa. Comienza con los recuerdos simples, quizás el día que trajiste a tu mascota a casa, los viajes especiales que hicieron juntos o los momentos cotidianos que pueden parecer mundanos pero están llenos de un peso emocional significativo. Puedes escribir en un estilo libre, dejando que los recuerdos fluyan a medida que vienen, o podrías encontrar útil organizar tus pensamientos cronológicamente o alrededor de temas o lecciones específicas que tu mascota te enseñó. Para facilitar el proceso, considera usar indicaciones como: "Mi recuerdo favorito de ti es...", "Aprendí de ti...", o "Extraño cuando solíamos...". Estas indicaciones pueden ayudarte a profundizar en la narrativa, haciendo que la tarea sea menos abrumadora y más guiada. Ya sea que elijas escribir en un diario, redactar publicaciones de blog o escribir una historia más estructurada, cada palabra que escribes fortalece el legado de tu mascota, manteniendo su memoria vibrante y viva.

Comparte la historia

Una vez que tu narrativa toma forma, compartir la historia de tu mascota puede ser una forma poderosa de conectar con otros y honrar su memoria. Las lecturas familiares pueden ser reuniones íntimas donde lees partes de tu historia, invitando a otros a recordar y celebrar la vida de tu mascota juntos. Estas lecturas pueden abrir conversaciones sobre el duelo, la sanación y la alegría que tu mascota trajo a sus vidas, ayudando a procesar la pérdida colectivamente. Si te sientes cómodo con una audiencia más amplia, considera publicar tu historia en línea o impresa. Las publicaciones de blog pueden llegar a otros amantes de las mascotas en todo el mundo, ofreciendo consuelo y conexión a aquellos que experimentan pérdidas similares. Para un tributo más duradero, compilar tus escritos en un libro proporciona un legado tangible que se puede transmitir a futuras generaciones, un testimonio del amor y las lecciones que tu mascota dejó atrás. Compartir tu historia no solo mantiene viva la memoria de tu mascota, sino que también apoya a otros en su duelo, difundiendo comprensión y compasión.

Su historia como legado

La historia de tu mascota es un mosaico de cada momento de alegría y cada desafío superado juntos, siendo cada pieza un testimonio del amor compartido. Esta narrativa se convierte en un legado, no solo de la vida vivida, sino del impacto dejado en aquellos que los amaron. Escribir esta historia es una forma de asegurar que la personalidad, el amor y las lecciones de tu mascota no se desvanezcan en el fondo de los recuerdos pasados, sino que continúen influyendo e inspirando. A medida que compartes estas historias, ofreces nuevas perspectivas sobre la profundidad del vínculo entre humanos y mascotas, educando a otros y quizás incluso animándolos a abrir sus hogares y corazones a otros animales que necesitan amor. Además, tu historia sirve como un faro para otros que andan a través de sus caminos de duelo, mostrándoles que, si bien el dolor de la pérdida es profundo, la belleza del vínculo compartido es eterna, capaz de ir más allá de los límites de la vida misma.

Al elaborar y compartir la historia de tu mascota, creas un tributo duradero que trasciende la presencia física de tu mascota, transformando su memoria en una fuente de amor y guía eternos. A medida que estas narrativas se desarrollan y nos conectan, se establecen fuertes vínculos de comprensión, compasión e historia compartida que enriquecen nuestras vidas y honran a las mascotas que han dejado marcas indelebles en nuestros corazones.

## COSTUMBRES DE RECUERDO ANUALES: MANTÉN VIVA SU MEMORIA

El paso del tiempo después de la pérdida de una mascota querida trae consigo una mezcla de tristeza y nostalgia, pero también ofrece oportunidades para honrar su memoria de maneras significativas. Establecer costumbres o tradiciones anuales puede transformar el dolor de la ausencia en una celebración de la vida que compartieron, permitiéndote a ti y a otros recordarlos con amor y gratitud cada año. Estas costumbres no solo sirven como sinceros tributos a tu mascota, sino también como hitos en tu propio viaje de sanación y recuerdo.

Crear estas costumbres anuales podría implicar volver a actividades o lugares que tu mascota disfrutaba, infundiendo a estas experiencias un nuevo significado. Por ejemplo, si tu mascota amaba la naturaleza, plantar flores cada año en su cumpleaños o en el aniversario de su fallecimiento puede convertirse en un acto nutritivo que simboliza la renovación y el crecimiento. Cada flor sirve como un recordatorio vibrante de la alegría que tu mascota trajo a tu vida. Alternativamente, encender velas puede ser un ritual simple pero profundo, con cada llama representando tu amor continuo y la luz que tu mascota trajo a tu mundo. Si hubo un lugar en particular donde tú y tu mascota pasaron momentos felices juntos, visitar este lugar anualmente puede evocar recuerdos preciados y proporcionar una sensación de cercanía. Estas costumbres, por su propia naturaleza, ofrecen consuelo y continuidad, ayudando a tender un puente entre el pasado y el presente y futuro.

Involucrar a amigos, familiares e incluso a nuevas mascotas en estos recuerdos anuales puede mejorar el sentido de comunidad y la memoria compartida. Invitar a aquellos que conocieron y amaron a tu mascota a participar en estas costumbres puede convertir el recuerdo privado en una celebración comunitaria de la vida de tu mascota. Ya sea reunirse para plantar flores, compartir historias o dar un paseo reflexivo en el parque favorito de tu mascota, estas actividades grupales pueden fortalecer los lazos entre todos los que se unen en el recuerdo. La presencia colectiva de seres queridos no solo amplifica la resonancia emocional de las costumbres, sino que también refuerza el sistema de apoyo comunitario, recordando a todos los involucrados que no están solos en sus recuerdos o su duelo.

La reflexión personal durante estas costumbres proporciona un espacio sagrado para navegar las complejas emociones que los aniversarios pueden evocar. Permitirte tiempo para reflexionar sobre cómo han evolucionado tus sentimientos puede ser enriquecedor, ofreciendo ideas sobre tu crecimiento personal y proceso de sanación. También es un momento para reconocer y abrazar todas las emociones que puedan surgir, como tristeza por la pérdida, gratitud por el tiempo compartido y paz con el paso del tiempo. Estos momentos de reflexión pueden profundizar tu comprensión de las formas en que tu mascota ha moldeado tu vida y cómo su memoria continúa influyéndote. Sirven como recordatorios conmovedores del amor que compartiste y el impacto que tuvieron en tu vida, haciendo eco a través del tiempo.

Las costumbres sirven como anclas emocionales a lo largo de nuestras vidas, proporcionando estabilidad y continuidad en un mundo que está en constante cambio. Para aquellos que han experimentado la pérdida de una mascota, estas costumbres se convierten en una conexión vital con el pasado, un puente hacia los recuerdos compartidos con un compañero querido. Nos permiten celebrar esos recuerdos, lamentar la pérdida y avanzar con la seguridad de que nuestras mascotas no serán olvidadas. A través de estas costumbres anuales, no solo mantenemos viva la memoria de nuestras mascotas, sino que también integramos su legado en nuestras vidas cotidianas, asegurando que el amor que compartimos continúe enriqueciéndonos e inspirándonos.

Al cerrar este capítulo sobre el homenaje a las mascotas, reflexionamos sobre las diversas formas en las que podemos honrar su memoria: desde crear tributos y recuerdos tangibles hasta establecer costumbres significativas y compartir sus historias. Cada acto de recuerdo refuerza el vínculo que compartimos con nuestras mascotas, manteniendo vivo su espíritu en nuestros corazones y en el mundo que nos rodea. A medida que pasamos al siguiente capítulo, exploraremos cómo reencontrarse con la vida después de la pérdida, encontrando formas de sanar y de continuar celebrando la alegría y el amor que nuestras mascotas trajeron a nuestras vidas.

# REENCONTRARSE CON LA VIDA DESPUÉS DE LA PÉRDIDA

Así como el sol vuelve a salir cada día, nosotros también debemos encontrar formas de continuar viviendo plenamente, incluso a raíz de una pérdida profunda. Perder una mascota querida altera la esencia de tu vida diaria, dejando espacios que alguna vez rebosaron con la alegría y la compañía de tu amigo amado. A medida que te enfrentas a estos momentos de quietud, el desafío se convierte no solo en encontrar paz con la ausencia, sino en crear nuevos patrones que honren la memoria de tu mascota mientras que fomentan el crecimiento personal y la sanación. Este capítulo busca guiarte suavemente a través de la redefinición de tu vida cotidiana, ayudándote a llenar el vacío con actividades y costumbres que afirman el amor que compartiste y te alientan a mirar hacia adelante con esperanza.

## REDEFINIR TU RUTINA DIARIA SIN LA PRESENCIA DE TU MASCOTA

Ajusta las rutinas diarias

La rutina que compartías con tu mascota probablemente estructuraba tu día. Los paseos matutinos, las horas de alimentación y las tardes de juego daban forma a tu horario y aportaban ritmo a tu vida. Con el fallecimiento de tu mascota, la estructura puede desmoronarse, dejando una sensación de desorden. Para recuperar el equilibrio, considera reformar suavemente estas rutinas. Si las mañanas se sienten particularmente vacías sin tu mascota, podrías comenzar tu día con una nueva costumbre, como un café tranquilo en el porche, permitiéndote espacio para reflexionar y apreciar el nuevo día. Alternativamente, reemplazar la hora habitual de paseo con una carrera o un paseo en bicicleta puede mantener la rutina mientras introduces una nueva actividad que beneficia tu bienestar. Es importante integrar actividades que no solo llenen el tiempo, sino que también proporcionen beneficios emocionales o físicos, ayudando a reparar ese hueco en tu vida diaria.

Llena el vacío

El vacío que deja tu mascota no es meramente físico, sino profundamente emocional. Involucrarse en pasatiempos o actividades puede desempeñar un papel crucial en el manejo del peso de este vacío. Las actividades creativas como pintar o escribir, pueden ser particularmente terapéuticas, proporcionando una salida para tus emociones y una forma de expresar el amor y la nostalgia que sientes. Las actividades físicas como el yoga o la jardinería también pueden ayudar a mejorar tu salud mental y mantenerte conectado con el mundo. Considera dedicar una parte de tu jardín a tu mascota, plantando flores o un árbol en su memoria, lo que puede ofrecer un tributo vivo que crece y florece, al igual que los recuerdos que aprecias.

Crea nuevas costumbres

Las nuevas costumbres pueden servir como puentes entre el pasado y el presente, honrando la memoria de tu mascota mientras que te permiten avanzar. Estas pueden incluir eventos anuales como un día de recuerdo en el aniversario de la adopción o el cumpleaños de tu mascota, donde podrías encender una vela, compartir historias o mirar fotos. Estas costumbres pueden ser tan públicas o privadas como te sientas cómodo, quizás involucrando a familiares y amigos que conocieron a tu mascota o simplemente un momento personal de reflexión. La clave es crear costumbres que se sientan significativas y brinden consuelo, reforzando el impacto continuo que tu mascota tiene en tu vida.

Equilibra el recuerdo y el avance

El delicado equilibrio entre honrar la memoria de tu mascota y abrazar el futuro puede ser desafiante. Es saludable recordar y celebrar la vida de tu mascota, pero es igualmente importante permitirte experimentar alegría y nuevas experiencias sin culpa. Es crucial integrar el recuerdo en tu vida de una manera que se sienta natural y positiva. Por ejemplo, podrías mantener una foto enmarcada de tu mascota en una parte de tu casa, simbolizando su presencia continua en tu vida. Simultáneamente, abre tu hogar y corazón a nuevas experiencias, relaciones y recuerda que estas no son reemplazos, sino expansiones de tu capacidad para amar y apreciar. Recuerda, avanzar no significa dejar atrás; significa dejar que el amor y las lecciones aprendidas de tu mascota te guíen hacia nuevos capítulos de tu vida, enriquecidos por su memoria.

Al redefinir tu rutina diaria sin tu mascota, el viaje se trata de encontrar el equilibrio adecuado. Uno que honre el pasado mientras te abres al presente y el futuro. Implica ajustar tus actividades diarias, llenar el vacío emocional que queda, introducir nuevas costumbres significativas y encontrar un equilibrio armonioso entre el recuerdo y el movimiento hacia adelante. Cada paso, cada nueva rutina y cada costumbre es un paso más hacia la sanación, un testimonio de la resiliencia del espíritu humano y el impacto duradero del amor que compartimos con nuestras mascotas. A medida que integras estos cambios en tu vida, que encuentres paz y un sentido renovado de alegría, llevarás el legado de tu querida mascota con cada paso.

## EL PAPEL DEL LEGADO EN TU PROCESO DE SANACIÓN

El legado, en el contexto de una mascota querida que ha fallecido, trasciende la mera memoria. Encarna el impacto duradero que tu mascota tuvo en tu vida y en la vida de quienes te rodean. Este legado puede manifestarse en un sinfín de formas, que van desde la continuación de costumbres compartidas hasta el establecimiento de proyectos que canalizan tu duelo hacia acciones positivas. Para muchos dueños de mascotas, comprender que su amor y cuidado pueden extenderse más allá de la presencia física de su mascota ofrece una profunda fuente de consuelo y propósito. Se trata de crear algo duradero, algo que no solo conmemore la vida de tu mascota, sino que también perpetúe el amor y el cuidado que inspiraron.

Los proyectos que se basan en el legado de tu mascota pueden proporcionar un medio tangible para canalizar tu duelo y transformarlo en acciones que reflejen la alegría y el amor que tu mascota trajo a tu vida. Por ejemplo, iniciar una obra de caridad o establecer un fondo a nombre de tu mascota para apoyar el bienestar animal puede ser una forma impactante de extender la compasión que le mostraste a tu mascota y a otros necesitados. Tales iniciativas no solo honran la memoria de tu mascota, sino que también crean un efecto dominó de bondad y cuidado, tocando las vidas de muchos otros animales y personas. Alternativamente, crear una pieza de arte, ya sea una escultura en tu jardín o un retrato pintado que cuelga en tu sala de estar, puede servir como un recordatorio diario del espíritu y la personalidad de tu mascota. Estas expresiones creativas no solo ayudan a procesar el duelo, sino que también celebran los aspectos únicos de la vida de tu mascota que te trajeron alegría.

Centrarse en estos proyectos de legado puede ayudar significativamente en el proceso de sanación al proporcionarte un sentido de propósito y continuidad. Participar en actividades que reflejen el amor que sentiste por tu mascota ayuda a tender un puente entre el pasado y el presente, permitiéndote llevar adelante su legado de manera significativa. Transforma la relación de una de presencia a una de impacto duradero, donde el amor y las lecciones que tu mascota impartió continúan influyendo e inspirando. Este cambio de enfoque de la pérdida al legado puede ser increíblemente empoderador, convirtiendo el acto de recuerdo en un compromiso dinámico con la vida y la comunidad que te rodea.

La importancia de compartir el legado de tu mascota no se puede subestimar. Al involucrar a amigos, familiares e incluso a la comunidad en proyectos de legado, creas un espacio comunal para la sanación y la memoria que enriquece la comprensión de todos sobre la pérdida y la recuperación. Organizar un evento anual para recaudar fondos para la obra de caridad establecida a nombre de tu mascota, por ejemplo, no solo mantiene viva su memoria, sino que también fortalece los lazos comunitarios a través de objetivos compartidos y esfuerzos de colaboración. Estas actividades compartidas fomentan conversaciones sobre el duelo y la sanación, permitiendo que otros expresen sus sentimientos y compartan el proceso comunal de recordar y celebrar la vida de tu mascota. Esta participación colectiva en proyectos de legado refuerza el tejido comunitario, ofreciendo múltiples perspectivas sobre la pérdida mientras destaca las experiencias universales de amor, duelo y recuerdo.

En esencia, el legado de una mascota querida proporciona un hilo narrativo que se teje a través de tu vida y la vida de los demás, y que cuenta una historia de amor, cuidado e impacto transformador. A medida que te involucras con estos proyectos de legado, honras el pasado mientras das forma activamente a un futuro enriquecido por las lecciones y el amor que tu mascota dejó atrás. Este compromiso continuo con el legado no solo ayuda a sanar el corazón, sino que también asegura que el amor compartido con tu mascota continúe inspirando e influyendo mucho después de que se hayan ido. A medida que avanzas, deja que estos actos de recuerdo y creación te guíen, ofreciendo no solo consuelo, sino también una forma de celebrar la marca indeleble que tu mascota ha dejado en tu vida y en el mundo.

## CUÁNDO CONSIDERAR ABRIR TU CORAZÓN A OTRA MASCOTA

Cuando los ecos de las patas en tu suelo se han desvanecido, y el corazón comienza a sanar, podrías encontrarte contemplando el suave golpeteo de nuevos amigos de cuatro patas. Decidir cuándo dar la bienvenida a otra mascota en tu hogar es un viaje marcado por la reflexión sobre la disposición emocional y el respeto por el pasado que apreciaste con tu compañero anterior. Evaluar tu estado emocional es crucial; se trata de asegurar que tu corazón tenga suficiente espacio para un nuevo amor sin sentirse eclipsado por el duelo. Las señales de que podrías estar listo incluyen: encontrarte recordando la alegría de la compañía de tu mascota más que el dolor de la pérdida, o cuando comienzas a ver juguetes para mascotas en la tienda y piensas en cuánta alegría le brindarían a un nuevo amigo peludo, en lugar de ser solo un recordatorio de lo que se perdió.

Sin embargo, la disposición no se trata solo de superar la tristeza. Se trata de poder mirar hacia atrás con cariño y paz, en lugar de una tristeza abrumadora. Si los recuerdos traen sonrisas más a menudo que lágrimas, podría ser el momento de considerar abrir tu hogar a otra mascota. También es importante considerar tu estilo de vida y si puedes comprometer el tiempo, la energía y los recursos necesarios para cuidar de otra mascota. Esta reflexión asegura que cualquier decisión de adoptar de nuevo se tome en el mejor interés tanto tuyo como de la potencial nueva mascota.

Honrar la memoria de tu mascota perdida mientras te abres al futuro con otra implica emociones complejas, a menudo mezcladas con sentimientos de culpa o traición. Es vital reconocer estos sentimientos y comprender que amar a otra mascota no disminuye el amor que sentiste por la anterior. Crear un espacio en tu corazón y hogar para una nueva mascota puede verse como un tributo al amor que compartiste con tu antiguo compañero, un testimonio de cómo te enseñó el valor y la profundidad de la compañía de una mascota. Enmarcar la llegada de una nueva mascota como una continuación de tu capacidad para dar y recibir amor puede aliviar los sentimientos de culpa y ayudarte a ver este paso como positivo, tanto para ti como para la memoria de tu mascota.

Elegir una nueva mascota implica una consideración reflexiva de varios factores para asegurar una buena compatibilidad. Piensa en el temperamento que mejor se adaptaría a tu estilo de vida actual. Por ejemplo, un cachorro de alta energía podría ser perfecto si eres activo y tienes tiempo para el entrenamiento, pero un perro mayor y más tranquilo podría ser más adecuado si buscas un compañero de bajo mantenimiento. Considera también cómo encajaría una nueva mascota en el legado de la mascota que ha fallecido. Quizás adoptar en el mismo refugio u organización de rescate, o elegir una raza similar a la de tu mascota anterior, puede servir como un vínculo entre tus experiencias pasadas y futuras con mascotas. Sin embargo, también está bien elegir de manera diferente, ya que cada mascota tiene su propio lugar único en tu vida.

Integrar una nueva mascota en tu familia, especialmente si tienes otras mascotas que aún están en duelo, requiere una planificación y sensibilidad cuidadosas. Comienza presentando a la nueva mascota gradualmente, permitiendo que tus mascotas existentes se adapten a su presencia en un entorno controlado y tranquilo. Utiliza espacios neutrales para las reuniones iniciales para evitar respuestas territoriales. El intercambio de olores, como usar mantas o juguetes, antes de las reuniones cara a cara puede ayudar a familiarizar a tus mascotas entre sí indirectamente. Monitorear las interacciones y ajustar el ritmo de integración basándose en los niveles de comodidad de todos los animales involucrados asegura una transición más fluida. Este enfoque reflexivo no solo respeta el proceso de duelo de tus mascotas existentes, sino que también sienta las bases para futuras relaciones positivas dentro de tu familia de mascotas.

Dar la bienvenida a una nueva mascota no se trata de reemplazar a la que perdiste, sino de expandir el círculo de amor en tu vida. Es un paso adelante que honra el pasado mientras te abres al futuro, lleno de nuevas alegrías y el consuelo continuo de la compañía. Al considerar este paso, deja que tus recuerdos y las lecciones aprendidas de tu mascota perdida te guíen, asegurando que el amor que continúas ofreciendo sea un reflejo del amor que has conocido.

## ACOGER O HACER VOLUNTARIADO: RETRIBUIR EN HONOR A TU MASCOTA

Cuando el silencio de un hogar, una vez lleno de la energía, se vuelve abrumador, participar en actividades como acoger (foster) o el voluntariado puede introducir un nuevo tipo de satisfacción en tu vida.

Acoger animales proporciona un hogar temporal a mascotas necesitadas, ofreciéndoles el amor y la estabilidad que requieren hasta que puedan encontrar hogares permanentes. Este acto de cuidado puede ayudar significativamente en tu proceso de sanación, ya que te permite dedicar el amor que aún reside en tu corazón al cuidado de otros animales. Los beneficios de acoger se extienden más allá de proporcionar atención esencial a los animales: ayuda a reparar las piezas rotas de tu corazón. Cada animal que ayudas puede traer un renovado sentido de propósito y alegría a tu vida, recordándote de la felicidad que puede brindar el cuidar de una mascota. Es una manera conmovedora de honrar la memoria de tu mascota, continuando el legado de amor y cuidado que te inspiraron.

Además, acoger a un animal también puede ayudar a mitigar la soledad que a menudo acompaña la pérdida de tu mascota. La presencia de una mascota acogida en tu hogar puede brindar una reconfortante sensación de compañía, llenando tus días de propósito y actividad. Las rutinas de alimentación, juego y cuidado pueden restaurar un sentido de normalidad y estructura a tu vida diaria, ayudándote a ajustarte a la vida sin tu mascota mientras sigues rodeado del amor de un animal. Sin embargo, es importante ser consciente de tu estado emocional y tu disposición para acoger. Asegúrate de ver el acogimiento como una adición positiva a tu vida, no como un reemplazo de tu mascota perdida, y de que estás emocionalmente estable para manejar las responsabilidades y la eventual despedida cuando se muden a hogares permanentes.

El voluntariado en refugios de animales u otras organizaciones de bienestar de mascotas es otra forma enriquecedora de retribuir en honor a tu mascota. Muchas organizaciones dependen en gran medida de voluntarios para todo, desde tareas administrativas hasta el cuidado directo de animales, y ofrecer tu tiempo puede tener un impacto significativo. Esta participación no solo ayuda a los animales, sino que también te conecta con una comunidad de personas con ideas afines que comparten tu pasión por el bienestar animal. Interactuar con otros que reconocen y aprecian el valor de la vida de cada animal puede reforzar tus propios sentimientos de propósito y contribución, proporcionando una red de apoyo que comprende el profundo vínculo entre humanos y animales. El voluntariado te permite ser parte de algo más grande que tú mismo, un esfuerzo colectivo que marca una diferencia real en la vida de muchos animales, sirviendo como un tributo vivo a la memoria de tu mascota.

Las consideraciones emocionales involucradas en acoger o hacer voluntariado después de experimentar la pérdida de una mascota son significativas. Es esencial abordar estas actividades con una comprensión clara de tus límites emocionales y tu estado actual. Si te encuentras abrumado por la tristeza, podría ser útil comenzar lentamente, quizás haciendo voluntariado solo unas pocas horas a la semana o acogiendo solo una mascota a la vez. También es crucial reconocer y respetar tus sentimientos durante todo el proceso. Si en algún momento la experiencia despierta emociones que son demasiado difíciles de manejar, puede ser necesario dar un paso atrás y reevaluar tu disposición para continuar. Recuerda, está perfectamente bien establecer límites y progresar a tu propio ritmo; tu bienestar es tan importante como la ayuda que brindas a los animales.

Retribuir a través del acogimiento o el voluntariado crea un impacto positivo no solo en la vida de numerosos animales, sino también dentro de tu propia vida. Al dedicar tiempo y amor a los animales necesitados, contribuyes activamente al bienestar de la comunidad de mascotas, asegurando que tus acciones generen ondas de bondad y cuidado. Esta participación es una forma poderosa de honrar la memoria de tu mascota, extendiendo el amor que te dieron a otros que también lo necesitan. A medida que te entregas de estas maneras, no solo mantienes viva la memoria de tu mascota, sino que también construyes sobre el legado de compasión y cuidado que te inspiraron. Ya sea que elijas acoger, hacer voluntariado o participar en ambos, estos actos de bondad forjan un camino de sanación y propósito, permitiéndote transformar tu duelo en acciones que celebran la vida y ofrecen nuevos comienzos a aquellos que lo necesitan.

## MANTENER VIVO EL VÍNCULO: HONRA A TU MASCOTA EN TU DÍA A DÍA

A medida que los días se convierten en semanas y las semanas en meses, la presencia de una mascota querida aún puede resonar profundamente dentro de los espacios que una vez llenó. Mantener su memoria vibrante y viva no tiene por qué limitarse a costumbres o aniversarios específicos; puede integrarse sin problemas en la esencia misma de tu vida diaria. Recordatorios simples, pero profundos, pueden servir como suaves recuerdos del vínculo que compartieron, brindando consuelo y continuidad. Una de estas formas es a través de adornos personales, como usar una pieza de joyería que tenga un significado simbólico, o un colgante que contenga su imagen o una pulsera grabada con su nombre. Estos artículos, llevados cerca de tu cuerpo, sirven como recordatorios constantes y reconfortantes de su presencia. De manera similar, llevar un pequeño objeto, como un llavero hecho con su collar o una piedra de bolsillo de tu camino favorito para caminar, puede proporcionar un recordatorio táctil de su presencia duradera en tu vida.

Incorporar recuerdos de tu mascota en tus rutinas diarias puede transformar actividades mundanas en momentos de recuerdo y honor. Por ejemplo, si los paseos matutinos eran una costumbre apreciada, continúa estas caminatas en honor de tu mascota, quizás tomando rutas que disfrutaban o que eran especialmente significativas. Durante estas caminatas, permítete momentos de reflexión sobre los momentos alegres que pasaron juntos, o simplemente habla con tu mascota en tu corazón, actualizándola sobre los acontecimientos de tu vida. Esta práctica mantiene su memoria activamente como parte de tu vida cotidiana y puede traer una sensación de paz y continuidad. De manera similar, si tus noches las pasabas con tu mascota a tu lado, podrías dedicar este tiempo a relajarte cerca de un lugar especial que hayas creado en su memoria, como una silla favorita con su foto colocada al lado, o un pequeño altar con artículos que fueron significativos para ellos.

Participar en conversaciones continuas sobre tu mascota con

amigos y familiares también puede desempeñar un papel crucial para mantener viva su memoria. Compartir historias de tu mascota no solo mantiene vivo su espíritu, sino que también permite la sanación y el intercambio de recuerdos comunitarios. Estas narrativas pueden ser alegres, reflexivas o incluso humorísticas, ya que celebran la vida y las travesuras de tu amado compañero. Anima a los miembros de tu familia y amigos a revisitar sus recuerdos favoritos, o quizás a compartir cómo tu mascota impactó sus vidas. Esta narración compartida no solo honra a tu mascota, sino que también fortalece los lazos entre aquellos que la conocieron y la amaron, creando una memoria colectiva que mantiene su espíritu vibrante dentro de la comunidad.

Finalmente, vivir de una manera que honre la memoria de tu mascota puede tener profundas implicaciones para tu desarrollo personal y tus interacciones con el mundo. Las mascotas a menudo nos enseñan sobre el amor incondicional, la paciencia y la alegría de los placeres simples. Aplica estas lecciones en tus interacciones diarias. Practica la bondad y la paciencia, ya sea contigo mismo o con los demás, reflejando la compasión que tu mascota te mostró. Participa en actividades que te traigan alegría y paz, ya sea pasar tiempo en la naturaleza, hacer voluntariado o simplemente tomarte momentos para estar presente y agradecido. Al vivir de una manera que refleje las mejores cualidades de tu mascota, no solo honras su memoria, sino que también difundes el amor y la positividad que trajeron a tu vida y a la de quienes te rodean.

Su memoria continuará enriqueciendo tu día a día, a través de estos recordatorios diarios, recuerdos incorporados, historias compartidas y elecciones de vida. Estas prácticas aseguran que el amor que compartiste siga siendo una fuerza vibrante y nutritiva, guiándote suavemente mientras navegas por el camino que tienes por delante, lleno de su espíritu y amor duradero.

## CRECIMIENTO Y TRANSFORMACIÓN: ENCUENTRA SIGNIFICADO DESPUÉS DE LA PÉRDIDA

La pérdida de una mascota querida, innegablemente marca un final pero dentro de este final, hay semillas de nuevos comienzos que encierran el potencial de transformación y crecimiento personal. A medida que navegas por el duelo, podrías descubrir una mayor capacidad de empatía, resiliencia y una comprensión más profunda de los ciclos frágiles de la vida. Estas cualidades a menudo surgen de las profundidades de la tristeza, moldeadas por el amor y la pérdida, ofreciéndote un nuevo lente a través del cual ver el mundo que te rodea. Por ejemplo, la empatía desarrollada al comprender las necesidades de tu mascota puede aumentar tu sensibilidad a las emociones de los demás, enriqueciendo tus relaciones e interacciones. Esta empatía intensificada puede llevarte a interactuar más profundamente con amigos, familiares o incluso extraños, fomentando conexiones que son más ricas y más gratificantes.

La resiliencia también se forja a menudo en el fuego de la pérdida. Cada día que encuentras la fuerza para avanzar, construyes una reserva de fortaleza interior que puede ayudarte a enfrentar futuros desafíos con un corazón más firme. Esta resiliencia es un testimonio de tu capacidad para soportar el dolor y emerger más fuerte, un reflejo directo del amor y el cuidado que invertiste en tu mascota. Comprender los ciclos de la vida, incluida la pérdida, también inculca una profunda apreciación por el presente y la impermanencia de las etapas de la vida. Esta conciencia puede animarte a vivir más plenamente, aceptando cada momento con el reconocimiento de que ahora es el momento de amar, actuar e interactuar con el mundo que te rodea.

Encontrar un nuevo significado de vida después de la pérdida de una mascota implica canalizar tu duelo hacia actividades o causas que enciendan la pasión y el propósito. Considera lo que amaba tu mascota o lo que la hacía única, y busca actividades que se alineen con estas pasiones. Si a tu perro le encantaba estar al aire libre, quizás dedícate al senderismo o a la conservación del medio ambiente como una forma de honrar su memoria. Si tu gato fue rescatado, involucrarte en organizaciones de bienestar o rescate de animales puede ser un tributo apropiado. Participar en estas actividades te permite transformar tu tristeza en acción positiva, creando un legado de cuidado que honra el amor que tú y tu mascota compartieron.

Esta transformación a través del duelo no se trata solo de un cambio personal, sino de cómo estos cambios pueden impactar el mundo que te rodea. A medida que aprendes y creces a partir de tus experiencias de amor y pérdida, llevas adelante un legado de aprendizaje que puede influir e inspirar a otros. Las lecciones de paciencia, amor incondicional y alegría que nos enseñan las mascotas pueden informar tus acciones y relaciones, fomentando un enfoque más compasivo y reflexivo sobre la vida. Compartir estas lecciones con otros, ya sea a través de historias, la participación comunitaria o las interacciones personales, extiende el impacto de la vida de tu mascota más allá de su presencia física, contribuyendo a una narrativa más amplia de sanación y crecimiento.

Aceptar el crecimiento y la transformación que pueden surgir de la pérdida de una mascota requerirá que te adentres en una versión renovada de ti mismo que llevará consigo las mejores cualidades del vínculo que compartieron. Este nuevo capítulo de tu vida, enriquecido por las lecciones de amor y pérdida, ofrece un camino que es tanto sanador como transformador, permitiéndote contribuir al mundo de maneras que honran la memoria de tu mascota y el amor que continúas sintiendo por ella. Al cerrarse este capítulo, recuerda que el viaje del duelo y el crecimiento no se trata solo de soportar la pérdida, sino de aceptar las oportunidades para un compromiso profundo y significativo, con la vida que esta pérdida revela.

# CONSTRUIR RESILIENCIA PARA EL FUTURO

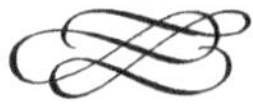

En la tranquila calma después de la tormenta, donde los ecos de la presencia de un amado compañero persisten, yace una oportunidad para un profundo crecimiento personal y la resiliencia. El viaje a través del duelo, aunque profundamente personal y a menudo lleno de desafíos, también siembra el camino para una comprensión renovada de la naturaleza cíclica de la vida y las relaciones. A medida que emerges de la intensidad inicial del duelo, puedes encontrarte reflexionando sobre las lecciones aprendidas de tus experiencias pasadas con la pérdida de mascotas, cada una contribuyendo a una versión futura de ti mismo más fuerte y resiliente. Este capítulo profundiza sobre cómo estas experiencias pasadas te preparan para futuras relaciones con mascotas, mejorando tu capacidad para amar, comprender y, finalmente, dejar ir con gracia.

## REFLEXIONAR SOBRE LAS PÉRDIDAS PASADAS

Cada mascota que enriquece nuestras vidas deja una marca indeleble en nuestros corazones, y con cada pérdida, queda una riqueza de lecciones. Reflexionar sobre estas lecciones es más que un acto de recuerdo; es un proceso que fomenta la resiliencia emocional, convirtiendo la tristeza en sabiduría. Podrías recordar cómo la pérdida de una mascota de la infancia te enseñó la realidad de la mortalidad, una lección dura pero esencial que te ayudó a apreciar la belleza transitoria de la vida. O quizás, el reciente fallecimiento de un querido gato o perro destacó la importancia del cuidado compasivo y la presencia durante sus días finales, enseñándote sobre el poder de la empatía y la fuerza requerida para tomar decisiones difíciles con bondad y respeto por la vida.

EN ESTA REFLEXIÓN, te animo a explorar no solo el impacto emocional de estas pérdidas, sino también las estrategias de afrontamiento que te ayudaron a navegar a través del duelo. ¿Fue el apoyo de amigos y familiares, el consuelo encontrado al honrar a tu mascota, o quizás el efecto terapéutico de escribir sobre tus sentimientos? Comprender lo que te ayudó en el pasado puede fortalecer tu caja de herramientas emocional, preparándote para futuras pérdidas y reforzando tu capacidad para recuperarte y encontrar alegría de nuevo.

ELEMENTO VISUAL: Preguntas de guía para reflexionar

PARA AYUDARTE en este proceso reflexivo, considera llevar un diario donde puedas explorar tus sentimientos y recuerdos asociados con cada mascota que has amado y perdido. Aquí tienes preguntas para guiar tu escritura:

- ¿Cuál es la lección más valiosa que aprendiste de cada mascota que has perdido?
- ¿Cómo afrontaste cada pérdida en su momento, y qué mecanismos de afrontamiento fueron más efectivos?
- ¿Cómo ha moldeado cada pérdida tu comprensión de la vida, las relaciones y el duelo?

## APLICAR LAS LECCIONES APRENDIDAS A FUTURAS RELACIONES

Las ideas obtenidas de las relaciones pasadas con mascotas son invaluables al forjar nuevos lazos con futuras mascotas. Cada relación con una mascota es una experiencia de aprendizaje, que nos enseña más sobre las necesidades de diferentes animales y refina nuestra capacidad para cuidarlos. Por ejemplo, comprender los signos sutiles de angustia o enfermedad en una mascota puede hacerte más sensible a la salud y el bienestar de futuras mascotas, permitiéndote actuar con rapidez y confianza cuando sea necesario.

ADEMÁS, la resiliencia emocional desarrollada a través de pérdidas pasadas mejora tu capacidad para comprometerte plenamente con nuevas mascotas, incluso sabiendo sobre la pérdida eventual. Esta resiliencia te permite abrazar la alegría y la compañía de nuevas mascotas con un corazón abierto, enriquecido por la comprensión de que, si bien el dolor de la pérdida es inevitable, el amor compartido vale la tristeza. Al aplicar las lecciones de empatía, paciencia y amor incondicional aprendidas de mascotas pasadas, puedes profundizar los lazos con nuevos compañeros, creando relaciones que son tanto satisfactorias como sanadoras.

## PREPARACIÓN PARA FUTURAS PÉRDIDAS

Parte de construir resiliencia para el futuro implica prepararse emocionalmente para las pérdidas inevitables que conlleva amar a las mascotas. Aceptar el ciclo natural de la vida y la muerte es crucial en esta preparación. Implica reconocer desde el inicio que el tiempo con tu mascota es limitado, lo que puede cambiar profundamente la forma en que experimentas y valoras la relación. Esta aceptación no disminuye la alegría o el amor compartido, sino que mejora tu aprecio por el presente. Fomenta una atención plena que atesora cada día que has pasado con tu mascota, sabiendo que estos momentos son preciosos y fugaces.

La preparación emocional también incluye comprender las etapas del duelo y reconocer los signos personales de tu proceso de duelo. Saber cómo es probable que reacciones a la pérdida, basándote en experiencias pasadas, puede ayudarte a gestionar mejor tus emociones y buscar el apoyo adecuado cuando llegue el momento. Se trata de crear un marco mental y emocional que reconozca el duelo como una parte natural, aunque dolorosa, de la vida, equipándote con las herramientas para navegarlo con gracia y autocompasión.

## GRATITUD POR EL TIEMPO COMPARTIDO

Finalmente, fomentar un sentido de gratitud por el tiempo compartido con tus mascotas puede afectar profundamente tu resiliencia. Cada relación con una mascota ofrece alegrías únicas, desafíos y amor incondicional, enriqueciendo tu vida y enseñándote sobre el cuidado y el respeto mutuo. Al centrarte en la gratitud por estos regalos, y no en la pérdida, cambias tu perspectiva de lo que ya no está a lo que se ganó. Este cambio no anula el dolor de la pérdida, sino que lo incrusta dentro de un contexto más amplio de amor y enriquecimiento, celebrando la vida compartida en lugar de lamentar solo la pérdida.

Abrirle los brazos a la gratitud ayuda a suavizar los bordes afilados del duelo, permitiéndote avanzar con un corazón lleno de amor y aprecio por la compañía que tuviste el privilegio de disfrutar. Convierte los recuerdos en tesoros, los momentos en lecciones y las relaciones en legados, transformándolos en fuentes de fuerza, alegría e inspiración. A medida que continúas navegando por tu camino hacia adelante, deja que estas reflexiones te guíen, fortaleciendo tu resiliencia y enriqueciendo tus relaciones con cada paso que das hacia el futuro.

## CONSTRUIR UN SISTEMA DE APOYO PARA FUTUROS DUELOS

Superar el duelo requiere un sólido sistema de apoyo y una red de corazones y manos comprensivas que puedan sostenerte cuando las mareas emocionales son altas. Construir esta red no se trata de reunir números sino de cultivar la profundidad y la comprensión en las relaciones, asegurando que, cuando llegue el momento, estés rodeado de personas que realmente entiendan tu dolor. Esto implica identificar amigos, familiares y profesionales empáticos que hayan recorrido caminos similares o que posean una capacidad natural para la empatía y el apoyo.

CREAR dicha red significa ser intencional sobre con quién pasas tu tiempo y en quién confías con respecto a tus pérdidas de mascotas. Comienza evaluando tus relaciones actuales. Considera quién ha sido comprensivo con la pérdida de tu mascota en el pasado y que haya demostrado capacidad para un profundo apoyo emocional durante otros momentos desafiantes. Es probable que estas personas se mantengan firmes a tu lado en el duelo futuro. Además, ayuda a extender esta red para incluir profesionales como terapeutas o consejeros que se especializan en el duelo, particularmente en la pérdida de mascotas. Su experiencia puede no solo proporcionar apoyo emocional, sino también equiparte con estrategias para manejar el duelo de manera más efectiva.

EL PAPEL de la comunidad

MÁS ALLÁ DE tu círculo inmediato, la comunidad desempeña un papel crucial para brindar apoyo y comprensión. Esto puede incluir comunidades en línea y grupos de apoyo locales, específicamente orientados a la pérdida de mascotas. Las plataformas en línea ofrecen la ventaja de acceder al apoyo en cualquier momento, lo que puede ser particularmente útil durante momentos de duelo agudo que pueden ocurrir de manera impredecible. Estas plataformas a menudo proporcionan un espacio para compartir historias, recuerdos y estrategias para hacer frente a la pérdida, conectándote con otras personas que pueden identificarse con tu experiencia a un nivel visceral.

LOS GRUPOS DE APOYO LOCALES, por otro lado, ofrecen el beneficio irremplazable de la interacción cara a cara. Estar físicamente presente con otras personas que entienden la pérdida de mascotas puede fomentar un profundo sentido de comunidad y sanación compartida. Estos grupos a menudo se reúnen regularmente y pueden proporcionar un enfoque estructurado para lidiar con el duelo, incluidas sesiones dirigidas por consejeros de duelo, actividades conmemorativas o discusiones grupales que pueden ayudar a normalizar tus sentimientos y proporcionar diversas perspectivas sobre la gestión del duelo.

## COMUNICACIÓN proactiva

ASÍ COMO ES importante construir una red de apoyo, también es crucial tu capacidad para comunicar proactivamente con esta red sobre tus necesidades y preferencias durante los momentos de duelo. Esta comunicación proactiva implica ser abierto sobre qué tipo de apoyo te resulta más útil, ya sea tener a alguien que escuche mientras compartes recuerdos de tu mascota, recibir ayuda práctica con las tareas diarias o simplemente tener compañía. Informar a tu red cómo pueden apoyarte ayuda a prevenir los sentimientos de aislamiento y asegura que el apoyo sea efectivo y significativo.

· · ·

TAMBIÉN ES beneficioso comunicar tus métodos preferidos para comunicarte; algunos podrían preferir llamadas telefónicas, mientras que otros podrían encontrar los mensajes de texto o correos electrónicos menos intrusivos. Clarificar estas preferencias puede ayudar a tu red de apoyo a ser más considerada y receptiva de maneras que realmente ayuden, asegurando que sus intenciones de apoyo se alineen efectivamente con tu comodidad y necesidades.

RECURSOS DE APOYO

PARA MEJORAR esta red de apoyo, es beneficioso compilar una lista de recursos a los que puedas acceder en momentos de necesidad. Esta lista puede incluir líneas de ayuda para apoyo emocional inmediato, servicios de asesoramiento que se especializan en el duelo e información de contacto de grupos locales de apoyo para la pérdida de mascotas. Además, incluye recursos que ofrezcan consejos prácticos sobre cómo lidiar con la pérdida, como sitios web o libros que se centren en el duelo por mascotas. Mantener esta lista de fácil acceso garantiza que puedas encontrar apoyo rápidamente cuando más lo necesites.

AL CONSTRUIR un sistema de apoyo robusto, te equipas con una red de seguridad de recursos empáticos y prácticos que pueden ayudar a facilitar el viaje a través del duelo. Esta red no solo proporciona consuelo emocional, sino que también fortalece tu resiliencia, asegurando que te sientas apoyado y comprendido mientras navegas por las complejidades de la pérdida y la sanación. A medida que continúas fomentando estas relaciones y recursos, recuerda que cada conexión, cada conversación y cada momento compartido de comprensión agrega una capa de fuerza a tu base de resiliencia, preparándote para enfrentar futuros desafíos con una comunidad que te apoya.

# PREPARACIÓN EMOCIONAL

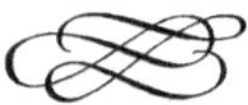

## COMPRENDER EL CICLO DE VIDA DE LAS MASCOTAS

En el Capítulo 8 discutimos cómo construir resiliencia para el futuro; ahora nos aferramos al presente. Comprender el ciclo de vida natural de nuestros preciados compañeros, desde cachorros juguetones hasta sus dignificados años dorados, es una base para fomentar una relación basada en expectativas realistas y una comprensión profunda. Cuando traes una mascota a tu vida, es importante tomar conciencia de su posible esperanza de vida y los desafíos de salud que pueden enfrentar a medida que envejecen. Este conocimiento no solo te prepara para los aspectos prácticos del cuidado de mascotas, sino que también amortigua el impacto emocional a medida que envejecen. Por ejemplo, saber cuáles razas de perros o gatos son propensas a problemas de salud específicos te permite monitorear proactivamente estas condiciones, buscar atención veterinaria oportuna y ajustar su entorno para que se adapte mejor a sus necesidades cambiantes. También establece una línea de tiempo realista, permitiéndote atesorar cada momento y tomar decisiones informadas en lo que respecta a su salud y calidad de vida.

Más allá de la practicidad de comprender la posible trayectoria de salud de tu mascota, existe la preparación emocional que viene con este conocimiento. Prepararse para aceptar el ciclo de vida natural de tus mascotas incluye aceptar la inevitabilidad del envejecimiento y la muerte. Si bien es un tema que muchos dueños de mascotas quieren evitar, la aceptación temprana puede afectar profundamente la calidad de la relación con tu mascota. Fomenta una mentalidad que valora la calidad sobre la cantidad, incitándote a aprovechar al máximo el tiempo que tienen juntos. Esta aceptación no se trata de resignación, sino de aprecio. Te anima a vivir plenamente en el presente con tu mascota, creando experiencias significativas que celebren su vida, en lugar de temer constantemente el futuro.

Construir resiliencia emocional frente a estas realidades es vital. Implica cultivar una mentalidad equipada para manejar los altibajos de tener mascotas, desde los momentos alegres de la juventud hasta los momentos más desafiantes como los problemas de salud y envejecimiento. Las prácticas de atención plena (mindfulness) pueden desempeñar un papel importante aquí. Participar en el mindfulness con tu mascota, quizás durante los paseos o las sesiones de mimos, puede mejorar tu conciencia del presente, ayudándote a apreciar las alegrías simples de su compañía. Estas prácticas también te enseñan a manejar tus emociones de manera más efectiva, proporcionando un ancla de calma en momentos de estrés o tristeza relacionados con la salud de tu mascota o los cambios de comportamiento.

## El duelo previo a la pérdida: Cómo abordar el duelo anticipado

El duelo anticipado es un aspecto profundo y que a menudo es pasado por alto, cuando se tiene una mascota. Comienza en el momento en que se reconoce que el tiempo de tu mascota contigo está cerca de concluir, ya sea por su envejecimiento o a una enfermedad terminal. Este tipo de duelo puede ser confuso, pues presenta todas las características del luto tradicional (tristeza, negación y negociación), la diferencia es que tu mascota sigue aquí. Podrías encontrarte lamentando su pérdida incluso mientras permanece a tu lado. Para avanzar con éxito, se requiere sensibilidad y un enfoque proactivo para mantener tanto tu salud mental como la calidad de vida de tu mascota.

Una estrategia efectiva para manejar el duelo anticipado es enfocarse en crear un ambiente cómodo y amoroso para tu mascota enferma o que está envejeciendo. Esto podría incluir ajustar su dieta, modificar tu hogar para adaptarlo a sus limitaciones físicas, o aumentar su comodidad con ropa de cama adicional o manejo del dolor bajo supervisión veterinaria. Tomar estas medidas prácticas puede proporcionar una sensación de control y propósito, ayudándote a centrarte en las responsabilidades del presente en lugar de la pérdida inminente.

Además, es esencial buscar apoyo durante este difícil momento. Conectarse con foros en línea, grupos de apoyo o amigos que hayan pasado por experiencias similares puede brindar consuelo y consejos prácticos. Compartir tus sentimientos y miedos sobre el deterioro de tu mascota puede ayudar a aliviar la sensación de aislamiento que a menudo acompaña al duelo anticipado. Igualmente, la ayuda profesional de un consejero especializado en la pérdida de mascotas puede ofrecer una valiosa orientación sobre cómo lidiar con estas complejas emociones.

A medida que enfrentas la realidad del ciclo de vida de tu mascota, desde una juventud llena de vitalidad hasta una vejez digna, abrazar tanto las alegrías como los desafíos puede aumentar tu resiliencia y profundizar el vínculo que comparten. Al informarte sobre qué esperar, aceptar la progresión natural de la vida y participar en prácticas que te anclen en el presente, te preparas no solo para manejar lo inevitable con gracia, sino también para apreciar el profundo viaje de compañerismo que tu mascota ofrece.

## LA IMPORTANCIA DE LA AUTOCOMPASIÓN EN LA RESILIENCIA

Cuando las olas del duelo te alcanzan tras la pérdida de una querida mascota, el instinto podría ser mantener la calma, suprimir el dolor o apresurar el proceso de sanación. Sin embargo, adoptar la autocompasión durante estos momentos puede ser tu mejor aliado, transformando la forma en que afrontas la agitación emocional. La autocompasión es el arte de tratarte con la misma amabilidad y comprensión que le ofrecerías a un buen amigo en apuros. Reconoce que el sufrimiento, el fracaso y la imperfección son parte de la experiencia humana compartida.

Practicar la autocompasión comienza con reconocer que está bien no sentirse bien. Se trata de permitirte experimentar cualquier emoción que surja (como tristeza, ira y confusión) sin juzgarte. Esto podría significar tomarte un día libre cuando el duelo se siente abrumador o permitirte una actividad reconfortante que calme tu espíritu. Es reconocer que el duelo no sigue un camino claro ni predecible, y que la sanación lleva tiempo. Cuando eres amable contigo mismo, es más probable que te recuperes de los reveses y mantengas la resiliencia emocional. Esta resiliencia no consiste en no caer nunca, sino en la suavidad con la que te levantas cuando lo haces.

Incorporar estrategias específicas de autocuidado que fomenten la autocompasión puede marcar una diferencia significativa en tu viaje de sanación. Establecer límites es un aspecto crucial de esto. Podría implicar optar por no asistir a eventos sociales que te resulten demasiado exigentes tras la pérdida o limitar la cantidad de conversaciones relacionadas con el duelo que puedes manejar con otros. Las autoafirmaciones también pueden desempeñar un papel transformador. Declaraciones simples y positivas que refuercen tu valor y la normalidad de tu duelo pueden fortalecer tus defensas mentales y emocionales. Por ejemplo, recordarte a ti mismo: "Está bien sentirse triste" o "Estoy haciendo lo mejor que puedo", ayuda a validar tus sentimientos y fomenta un diálogo interno compasivo.

Buscar la alegría puede parecer contradictorio durante el duelo, pero es una parte vital para cultivar la autocompasión. La alegría actúa como un contrapeso al peso de la tristeza, proporcionando momentos de alivio y perspectiva. Esto podría ser tan simple como ver una película favorita, pasar tiempo en la naturaleza o disfrutar de una comida con seres queridos. Estas actividades no niegan tu duelo, sino que ofrecen un recordatorio de que la alegría y la tristeza pueden coexistir, y abrazar ambas puede conducir a un estado emocional más equilibrado.

## SUPERAR LA AUTOCRÍTICA

Uno de los aspectos más sutiles y dañinos del duelo es el autocriticarse. Podrías castigarte a ti mismo por no "ser más fuerte" o por no "seguir adelante" lo suficientemente rápido, como si existiera un plazo estándar para la sanación. Esta autocrítica solo profundiza el dolor, creando un ciclo de diálogo interno negativo que puede obstaculizar tu proceso de sanación. Superar esta autocrítica es crucial para fomentar la resiliencia y adoptar un proceso de duelo más saludable.

Comienza por reconocer que el duelo es una experiencia profundamente personal y que cada persona reacciona de manera diferente. No existe una forma "correcta" de guardar luto ni un cronograma universal para sanar. Cuando te descubras cayendo en la autocrítica, haz una pausa y reflexiona sobre lo que le dirías a un amigo en una situación similar. Probablemente le ofrecerías palabras de consuelo y apoyo, no críticas. Intenta extender la misma compasión hacia ti mismo. Esto podría implicar desafiar activamente los pensamientos negativos cuando surjan y reemplazarlos con perspectivas más compasivas. Por ejemplo, si piensas: "Ya debería haber superado esto", recuérdate: "Estoy sanando a mi propio ritmo, y eso está bien."

Documentar estos pensamientos y las respuestas que deseas cultivar también puede ser útil. Llevar un diario donde rastrees las instancias de autocrítica y las reestructures activamente no solo puede ofrecer una visión de los patrones de pensamiento negativo, sino que también te permite ver tu progreso hacia respuestas más autocompasivas.

## LA COMPASIÓN COMO FORTALEZA

Redefinir la compasión como una fortaleza en lugar de una debilidad es fundamental para cambiar la forma en que ves y experimentas el duelo. La compasión, incluyendo la autocompasión, a menudo se considera un rasgo blando o incluso desventajoso en una cultura que valora el estoicismo y la rápida recuperación ante los contratiempos. Sin embargo, adoptar la compasión puede mejorar significativamente tu resiliencia, dotándote de la flexibilidad emocional para manejar los desafíos de la vida de manera más efectiva.

La compasión te permite abrir espacio a tu dolor, entendiéndolo como una parte de la vida en lugar de algo a lo que temer o evitar. Esta apertura no solo alivia el sufrimiento, sino que también profundiza tu empatía por otros que experimentan pérdidas similares. Fomenta un sentido de conexión, reduciendo los sentimientos de aislamiento y mejorando tu red de apoyo. Además, al ver la compasión como una fortaleza, te empoderas para enfrentar futuras pérdidas con un enfoque más sensato y equilibrado. Sabes que puedes manejar el dolor con gracia y que la amabilidad hacia ti mismo y hacia los demás no es una desventaja, sino una fuente profunda de fortaleza.

Al cultivar la autocompasión, desafiar la autocrítica y redefinir la compasión como una fortaleza, te equipas con las herramientas no solo para sobrevivir al duelo por la pérdida de una mascota, sino para prosperar más allá de él. Estas prácticas forjan un camino a través del dolor, transformando el viaje del duelo en una oportunidad para el crecimiento y una resiliencia profunda y significativa. A medida que continúas integrando estas prácticas en tu vida, se convierten en algo natural, una configuración predeterminada que tiñe tus interacciones contigo mismo y con el mundo con un matiz más rico y compasivo.

## CREAR UN LEGADO DE AMOR: CÓMO SEGUIR HONRANDO A LAS MASCOTAS PERDIDAS

Cuando pensamos en legados, lo que a menudo viene a la mente son los restos tangibles que se dejan atrás. Pero cuando se trata de las queridas mascotas que hemos perdido, el legado tiene menos que ver con artefactos físicos y más con las formas profundas en que han moldeado nuestras vidas. Este legado no es estático; es una continuación viva y palpitante del amor que compartieron, manifestada a través de tus acciones y elecciones. Abrazar el concepto de un legado vivo significa encontrar formas de expresar y encarnar el amor, la alegría y las lecciones que tu mascota trajo a tu vida, asegurando que su impacto se extienda mucho más allá de su presencia física.

Una forma poderosa de honrar la memoria de tu mascota es a través de proyectos de legado que crean un cambio positivo en el mundo. Estos proyectos pueden ser tan diversos como las personalidades de las mascotas que hemos amado. Por ejemplo, si a tu perro nada le gustaba más que pasar un día en el parque, iniciar un proyecto comunitario para limpiar y mantener los parques locales puede ser un tributo apropiado. Esto no solo mejora tu comunidad, sino que también crea un espacio que otras mascotas y dueños pueden disfrutar, difundiendo la alegría que tu mascota trajo a tu vida. Alternativamente, si tu mascota fue un animal de rescate, establecer un fondo o ser voluntario en refugios de animales puede ayudar a otros animales a encontrar la misma felicidad que tu mascota encontró contigo. Estos actos de servicio extienden el amor que experimentaste con tu mascota, generando un impacto tangible en el mundo en su nombre.

Transmitir el amor que recibiste de tu mascota a otros es otra forma sincera de mantener viva su memoria. Esto no significa necesariamente adoptar más mascotas, aunque eso podría ser parte de ello. En cambio, considera encarnar el amor incondicional y la paciencia que te mostró tu mascota. Podrías encontrar oportunidades para compartir este amor en las interacciones cotidianas, haciendo voluntariado o apoyando a amigos y familiares en sus momentos difíciles. Cada acto de amabilidad y comprensión es un granito de arena para mantener el legado de tu mascota.

Documentar el legado de tu mascota también puede desempeñar un papel crucial para preservar el amor que compartieron. Esto podría tomar la forma de un libro o publicaciones de blog que relaten su viaje juntos, los desafíos que enfrentaron y la alegría que compartieron. Estas historias pueden servir de consuelo para que otros encuentren su camino a través del dolor de la pérdida de una mascota y como una celebración de la vida de tu mascota. Crear una serie de videos que muestren las peculiaridades de tu mascota, las lecciones que te enseñaron y cómo cambiaron tu vida también puede ser una forma poderosa de conectar con otros y extender la influencia del amor de tu mascota. Estas narrativas no solo mantienen viva la memoria de tu mascota, sino que también ayudan a otros a sentirse menos solos en su duelo, fomentando una comunidad de apoyo y comprensión.

Ya sea a través del servicio comunitario, actos personales de amor o la narración de historias, estás construyendo un legado de amor que honra a tu mascota. Este legado es un homenaje dinámico, que evoluciona y crece continuamente a medida que encuentras nuevas formas de expresar la profundidad del vínculo que compartieron. Asegura que el amor, la alegría y las lecciones que tu mascota trajo a tu vida sigan resonando e influyendo, tocando vidas y haciendo del mundo un lugar un poco mejor, tal como lo hizo tu mascota contigo. A través de estos legados, no solo mantenemos vivos los recuerdos de nuestras queridas mascotas, sino que también amplificamos el amor que nos mostraron, transmitiéndolo de innumerables maneras significativas.

## ACEPTAR LA ALEGRÍA Y EL RECUERDO: EL CAMINO A SEGUIR

Los ecos de un ladrido o el suave ronroneo que alguna vez llenó tu hogar pueden despertar una profunda sensación de pérdida; sin embargo, dentro de estos recuerdos reside un tesoro de alegría esperando ser redescubierto. A medida que navegas por las aguas del recuerdo, transformar tu perspectiva sobre estas memorias, de fuentes de dolor a tesoros preciados, puede impactar profundamente tu sanación emocional. Cada salto juguetón, cada tarde de ocio y cada cariñoso acurruco es una instantánea de alegría que, al ser recordada, puede provocar una sonrisa tan fácilmente como una lágrima. Abraza estos recuerdos con gratitud, ya que cada uno es un testimonio del amor y el vínculo que compartiste con tu mascota. Permítete deleitarte con la calidez de estos momentos, dejando que llenen tu corazón con la alegría y el amor que caracterizaron su tiempo juntos.

Fomentar la celebración de la vida de tu mascota es igualmente vital. Concéntrate en organizar eventos o momentos que resalten la felicidad que compartieron. Esto podría ser una reunión anual en el parque favorito de tu mascota, donde amigos y familiares puedan reunirse para compartir historias y celebrar la vida de la mascota. Alternativamente, crear un álbum de fotos digital que muestre los mejores momentos que compartieron y compartirlo en línea no solo puede ayudarte a revivir esos momentos alegres, sino también permitir que otros aprecien la belleza y la felicidad de la vida de tu mascota. Celebrar estos momentos destaca el impacto positivo que tu mascota tuvo en tu vida y ayuda a cambiar la narrativa de pérdida a una de aprecio y celebración.

Además, recordar a tu mascota no debe ser únicamente una fuente de tristeza, sino que también puede ser una fuente profunda de alegría y fortaleza. Reservar un día especial para celebrar la vida de tu mascota, quizás en su cumpleaños o el día en que llegó a tu vida, puede ser una tradición poderosa. En este día, participa en actividades que disfrutaban juntos, o dona a una organización benéfica de animales en su nombre, convirtiendo tu recuerdo en una acción positiva que beneficia a otros. Tales actos mantienen viva la memoria de tu mascota de una manera dinámica y alegre, ayudando a reforzar los aspectos positivos de su vida y el tiempo que compartieron.

El viaje del duelo y el amor es, de hecho, continuo y profundamente entrelazado. Es una danza delicada entre recordar y seguir adelante, donde ambas emociones coexisten y se informan mutuamente. Reconoce que es perfectamente normal sentir alegría y tristeza simultáneamente. A medida que continúas abrazando los recuerdos y celebrando la vida de tu querida mascota, permítete sentir todos los matices de estas emociones sin juzgarte. Este enfoque de corazón abierto asegura que el amor que compartiste con tu mascota continúe creciendo dentro de ti, influyendo en tu vida y acciones de maneras positivas y significativas. Al aceptar este proceso continuo, afirmas que el amor, una vez arraigado en tu corazón, no se desvanece; evoluciona y te acompaña todos los días, guiándote e inspirándote a medida que avanzas.

Al aceptar la alegría y el recuerdo de tu mascota, forjas un camino que honra su memoria mientras te involucras activamente con el amor que dejaron atrás. Este enfoque no solo ayuda a sanar el corazón, sino que también enriquece tu vida con una apreciación más profunda de los lazos que compartimos con nuestros compañeros animales. A medida que continúas navegando por este camino, deja que la alegría y el amor que redescubriste en tus recuerdos iluminen tu camino, transformando el dolor de la pérdida en una celebración de la vida y un viaje continuo de amor.

# CONCLUSIÓN

Al llegar a las páginas finales de nuestro viaje, te invito a hacer una pausa y a reflexionar sobre el camino que hemos recorrido juntos. Desde las olas iniciales y crudas del dolor hasta los pasos graduales hacia la sanación y el recuerdo. La transformación que has experimentado puede no haber sido fácil, pero ha sido significativa, y es importante reconocer el coraje que se ha necesitado para avanzar a través de cada etapa.

A lo largo de este libro, hemos profundizado en el vínculo profundo que se comparte entre las mascotas y sus dueños, entendiendo que la pérdida de un compañero tan querido desencadena una forma de duelo profunda y legítima. Hemos explorado las etapas del duelo, ofreciendo estrategias prácticas para afrontarlo y maneras de apoyarnos no solo a nosotros mismos, sino también a nuestros hijos y otros miembros de la familia. Hemos hablado sobre cómo conmemorar a nuestras mascotas de maneras significativas y cómo estos actos de recuerdo pueden ayudarnos a lidiar con la pérdida. Lo más importante es que hemos analizado cómo encontrar resiliencia y alegría después de la pérdida, enfatizando que el dolor del duelo puede, con el tiempo, dar paso a la celebración del amor que compartiste con tu mascota.

La importancia de validar la pérdida de una mascota no puede ser exagerada. Reconocer esta forma de duelo es crucial, ya que nos permite buscar y ofrecer apoyo de maneras que reconocen la verdadera profundidad de nuestros lazos emocionales con nuestras mascotas. Recuerda, tu viaje a través del duelo es únicamente tuyo, y se desarrolla a su propio ritmo. Acepta este camino sin juzgarte y date el espacio y el tiempo para sanar.

Te animo a seguir utilizando las estrategias de afrontamiento, las prácticas conmemorativas y los sistemas de apoyo que hemos comentado. Adáptalas con el tiempo para que se ajusten a tus necesidades cambiantes y continúa encontrando consuelo y fortaleza en los recuerdos de tu querida mascota. Hay esperanza en cada historia y continuidad en cada final. Tu viaje de sanación puede inspirar actos de bondad, impulsar la participación comunitaria o motivar el crecimiento personal, todo en honor al amor y las lecciones que tu mascota trajo a tu vida.

Te invito a compartir tus propias historias de pérdida de mascotas, sanación y recuerdo con otros. Ya sea con amigos, familiares o a través de comunidades en línea, compartir puede profundizar las conexiones y proporcionar apoyo a quienes caminan por este sendero a tu lado. Tu fortaleza y resiliencia al enfrentar este duelo de frente son dignas de aplauso, y te agradezco profundamente por confiar en este libro para que sea parte de tu proceso de sanación.

Al despedirnos, te dejo con esta reflexión: ¿Cómo puedes mantener vivo el amor y el recuerdo de tu mascota en tus acciones diarias? Recuerda, el amor nunca nos abandona realmente; solo se transforma en nuevas formas de ser y de conectar.

Gracias una vez más por permitirme acompañarte en este viaje. Deseo que encuentres paz y alegría en el amor que tú y tu mascota compartieron, y que sigas llevando ese amor contigo en cada paso que des.

Con cariño y mis mejores deseos,
Xydnee James

# AYÚDANOS A
# DIFUNDIR EL MENSAJE

Espero que hayas disfrutado sinceramente del libro y que su contenido te haya resultado informativo y útil. Como autores, nuestras palabras solo pueden llegar tan lejos como el mensaje que transmitimos sea entregado, por lo que te pedimos ayuda. Por favor, ayúdanos a compartir este mensaje de esperanza, apoyo y consuelo con otras personas que están experimentando el dolor de perder una mascota. Te pedimos que escribas una reseña en Amazon para este libro, de modo que otros puedan encontrar consuelo, orientación y apoyo a través de él. Si deseas ayudarnos, escanea el código QR a continuación para que puedas escribir tu reseña.

# REFERENCIAS


- 7 Benefits of Being an Animal Shelter Volunteer https:// ccspca.com/blog-spca/benefits-animal-shelter-volunteer/
- 7 Ways To Support Your Spouse As They Grieve The Loss … https://counselorforcouples.com/7-ways-to-support-your-spouse-as-they-grieve-the-loss-of-a-pet/
- 12 special pet memorial service ideas https://www. betterplaceforests.com/blog/12-special-pet-memorial-service-ideas/
- Can Physical Activity Support Grief Outcomes in Individuals … https://www.ncbi.nlm.nih.gov/pmc/articles/ PMC8028581/
- Coping with Losing a Pet https://www.helpguide.org/ articles/grief/coping-with-losing-a-pet.htm
- Coping with the loss of a pet https://www.avma.org/ resources-tools/pet-owners/petcare/coping-loss-pet
- Create the Perfect Pet Memorial Garden https:// perfectmemorials.com/guides/create-the-perfect-pet-memorial-garden/
- Death of Pets: Talking to Children - AACAP https://www.

aacap.org/AACAP/Families_and_Youth/
Facts_for_Families/FFF-Guide/When-A-Pet-Dies-078.aspx

- Dog Memorial Ideas: 10 Ways to Honor Your Dog's Legacy
  https://toegrips.com/dog-memorial-ideas/
- History and Science of the Human-Animal Bond https://
  todaysveterinarynurse.com/personal-professional-
  development/history-and-science-of-the-human-animal-
  bond/
- How Journaling Can Help You Grieve https://www.
  psychologytoday.com/us/blog/understanding-grief/
  202101/how-journaling-can-help-you-grieve
- How Losing a Pet Can Make You Stronger https://www.
  nytimes.com/2021/05/03/health/pets-death-lessons-
  strength.html
- How to help a grieving dog https://www.bluecross.org.uk/
  advice/dog/how-to-help-a-grieving-dog
- How to Plan a Pet Memorial Service https://www.
  furevermemorials.com/pet-loss/how-to-plan-a-pet-
  memorial-service/
- Life Expectancy of Dogs and Cats | PetMeds® https://www.
  1800petmeds.com/education/life-expectancy-dog-cat-
  40.html
- The Association for Pet Loss and Bereavement https://
  www.samhsa.gov/resource/dbhis/association-pet-loss-
  bereavement
- The Benefits of Having a Memorial Service for Your Pet
  https://www.jeffersonmemorial.com/about-us/news/the-
  benefits-of-having-a-memorial-service-for-your-pet
- The Impact of Continuing Bonds Between Pet Owners and
  … https://journals.sagepub.com/doi/full/10.1177/
  00302228221125955
- Unique Pet Memorial Ideas https://www.myfarewelling.
  com/article/pet-memorial-ideas
- Vinehall School - Play is serious learning. https://www.
  vinehallschool.com/blog/?pid=11&nid=5&storyid=

- 39Ways to Memorialize Your Pet - UF Small Animal Hospital https://smallanimal.vethospital.ufl.edu/resources/pet-loss-support/ways-to-memorialize-your-pet/
- When a Pet Dies: Helping Kids Cope (for Parents) https://kidshealth.org/en/parents/pet-death.html
- When a Pet Dies: How to Help Your Child Cope https://www.healthychildren.org/English/healthy-living/emotional-wellness/Building-Resilience/Pages/when-a-pet-dies-how-to-help-your-child-cope.aspx
- When Is It the Right Time for a New Pet? https://www.lapoflove.com/blog/pet-loss-support/when-is-the-right-time-for-a-new-pet
- Wikipedia contributors. (n.d.). Five stages of grief. Wikipedia, The Free Encyclopedia. Retrieved May 19, 2024, from https://en.wikipedia.org/wiki/Five_stages_of_grief#:~:text=According%20to%20the%20model%20of,%2C%20bargaining%2C%20depression%20and%20acceptance